日本道徳の構造

外国人の日本観察記から読み解く

青木育志【著】

一般財団法人　アジア・ユーラシア総合研究所

目次

凡　例

1、外国人名については、日本での記述法が複数ある場合、一般性と原語に近い発音という観点から、どれかに決定した。項目内で初出の場合フルネームとし、二度目以降は姓のみの記述とする。

1、引用文言については、最も日本語として適しているものを採用する。翻訳書が複数ある場合、基本的にある翻訳書をベースとするが、他で翻訳が分かりやすい場合、それを採用することもある。従って、同じ著者の発言として、常に同じ翻訳書を使用ということではない。

1、引用文言は本書全体の統一上、同様の表現に修正する。翻訳書の文体は、口語文、文語文、です調、である調など、さまざまであるが、口語文、である調に修正統一している。漢字とかな、句読点も統一を図った。

1、その引用元資料の提示では、個々の翻訳書名を掲げず、原典の通常翻訳表記とする。引用箇所での引用頁数は掲げないこととする。

1、引用説明する対象者は明治末までとする。そうしたのは、西洋文化の影響を受けていない原日本の風景を残している時代に拘ったからである。説明上必要あれば、大正以降の人にも登場願う。基本的には来日して、直接に日本を観察した者とするが、場合によっては、来日せずとも当地で日本人を直接観察した者をも対象とする。

1、第1章から第5章までの、徳目冒頭引用する言説は、各徳目で最大5件までとする。また、これらについて簡略説明したいところであるが、いずれも省略した。本書の頁数が増加するのを危惧したためである。読者のご寛恕を願う。

1、巻末での「日本観察外国人一覧」では、本書で発言記載した者全員を記載する。ただし、明治末までの人のみとする。情報不足ゆえ記載省略したものもある。ここに記載ある外国人による著書が複数ある場合も、本書で引用した本のみを記述の対象とした。いずれも記述データが膨大になり、本書の頁数が増加するのを危惧したためである。読者のご寛恕を願う。

はじめに

外国人による日本観察の記述をふんだんに使用して、かつての日本の状態を明らかにした名著に、次がある。

①　渡辺京二『逝きし世の面影』葦書房、1998年
②　石川榮吉『欧米人の見た開国期日本——異文化としての庶民生活』風響社、2008年
③　竹内誠監修、山本博文、大石学、磯田道史、岩下哲典『外国人が見た近世日本——日本人再発見』角川学芸出版、2009年

本書もある意味ではこれらの書の類似書であるが、違いもある。①との違いとしては、一つには、渡辺氏著書が日本の良い面ばかりを対象とされたのに対して、本書では悪い面をも対象としたことがある。二つには、前者が物語的イメージ形成に意を用いているのに対して、後者は分析することにより、徳目の記述や徳目間の関係記述に意を用いた。三つには、前者が社会習俗、生活習慣全般を対象とするのに対して、後者は道徳的な行為・徳目ならびにその周辺の習俗のみを対象とする。

②との違いとしては、一つには、石川氏本が社会習俗、生活習慣全般を対象とするのに対して、本

書は道徳的行為・徳目ならびにその周辺の社会習俗のみを対象とする。石川氏本で言えば、全9章中重なるのは第8章と第9章のみである。二つには、前者は幕末・明治期のみを対象とするが、後者は南蛮渡来時代から明治末年までを対象とする。

本書の試みは、来日した外国人による、日本に関する著述や記録の中から、日本人の道徳とそれに関連する社会習俗の記述を拾い上げ、それらのステートメントを分類・分析し、そこから日本人の道徳的特性を抽出しよう、とするものである。さらには、そこから外国文明とは異なる日本文明の特性が浮かび上がらないか、を試みようとするものである。さらには、本書で提示するAからJに至る徳目群の関係をも明らかにしたい。そうすることによって、日本道徳の徳目の分類、あるいは体系化ができないか、それを試みたのである。

外国人の記述がすべて正しいとは言えない。短期間滞在するだけで、表面的な観察に終わる場合もある。観察者の観察記述の正しさを検討する際には、次のようなことを考慮に入れなければならないだろう。すなわち、永久不変なもの（通時的なもの）と時代とともに変化するもの（その時代特有のもの）、前近代のものと近代のもの、道徳的なものと社会習俗、慣習的なものの違いである。

日本に来た有名人で日本論の書を出した著者すべてが、日本人の道徳や特性についての論者ではない。と言うよりも、ほとんどは紀行文を遺しているのであって、そこには日本の都市や農村、建物や行事や生活ぶりや出来事などの記述が主であって、日本人の道徳やその特性を記述しているのは案外に少ない。

日本の道徳やその特性を際立たせるには、西洋、中近東、インド、中国など、日本と異なる地域と日本との比較、さらには日本近くの中国や朝鮮との比較が重要である。それらの比較によって、日本の道徳やその他の特性がより際立つからである。後者の中国、朝鮮、日本の比較では、これら三つの地域をすべて訪れて、その比較記録を残している人たちの記録が重要である。ラザフォード・オールコック、ヘルマン・マロン、ラインホルト・ヴェルナー、ジェイムズ・ブルース（エルギン卿）、ロバート・フォーチュン、ハインリッヒ・シュリーマン、イザベラ・バード、エミール・カヴァリヨンなどである。

なぜこれらの文書を重視するかと言えば、第三者による客観的資料である、ということに尽きる。古代の日本については中国の『後漢書』や『三国志』の「魏志倭人伝」など、古代ゲルマンについては古代ローマのカエサル『ガリア戦記』やタキトゥス『ゲルマニア』などがそれに当たるが、戦国時代以降の日本については、これらの書がそれに当たるのである。

そこに記述されているのは、西洋文化を知らない純粋な、固有の日本文明、原日本である。それと西洋文明を比べることによって、東西文明の比較が可能となる。それは日本文明論を論じる上でも重要なことである。

これら来日西洋人の観察記録はいかなる意義を持つものであろうか。直接には今まで記したごとく客観資料であること、東西比較文明論を開発したことであるが、間接には日本にとっての重要なる影響をもたらしたことがある。一つには、大航海時代以来、世界を植民地化しようとした西洋がついぞ日本をそのようにはできなかったことであり、もう一つは日本をユニークな文明国と見なすようになったことである。

アーノルド・トインビーやフィリップ・バグビーやサミュエル・ハンティントンが、日本を中国とは別の文明の国である、と見なしているのも、戦国時代末期から日本に来た西洋人の日本観察記録が大いに貢献しているのである。これらの記録やその著書での日本人の好評価が西洋中に広まって、二十世紀になり比較文明学が樹立されたときに、日本を独立文明と見なすようになったのは、極めて自然である。

序章　世界の中の日本を考える

1. 世界文明の多極性

五大文明の比較

世界には多くの文明がある。その比較・検討する文明としては、いろいろあるわけだが、本書で採り上げるのは現在も存続している有力な文明に限ることにする。それは西洋キリスト教文明、中近東イスラム教文明、インドヒンドゥー教文明、中国儒教・道教文明、日本神道文明である。中近東文明の担い手は多民族にわたるが、中近東イスラム文明としてまとめることができる。インド地域でイスラム教を信仰している地域は中近東文明に属する。

地球上に多様な文明が生じたのは何ゆえか。その文明の違いを生じさせたものは何か。一つには気候、風土であろう。もう一つは宗教であろう。その宗教が地域によって異なるようになったのは、もとはと言えば気候、風土であろう。

先輩研究者の研究成果をもとに、以上述べてきた五大文明の要素の一覧表を作ってみると、次のようになる。

中国文明	日本文明	先輩研究者
中国人	日本人	
モンスーン、湿潤	モンスーン、湿潤	和辻哲郎
泥、水田	泥、水田	和辻哲郎、松本健一
米作、牧畜	米作	鯖田豊之、中山　治
米食・肉食	米食	鯖田豊之、中山　治
攻防激しい	攻防少ない	鯖田豊之、中山　治
木作りの家	木作りの家	水津一朗、竹下啓次
軍人優位	文人優位	
都市と王宮は城塞	都市と王宮は非城塞	
分化型集団（スペシャリスト）	未分化型集団	中山　治
上下二共同	単一共同体	加藤　隆
肉食スピリッツ	草食スピリッツ	中山　治
スペシャリスト	ゼネラリスト	中山　治
強い自我	弱い自我	中山　治
自己主張	対立回避	中山　治
迅速決定伝達	ぼかしコミュニケーション	中山　治
二重基準	タテマエとホンネ	中山　治
怨みの持続	水に流す	中山　治
多神教	多神教	
儒教、道教	神道、仏教	
永遠の命	空気、無常	山本七平、中山　治
観念原理	集団情緒	山本七平、中山　治

表１　五大文明の比較

	西洋文明	中近東文明	インド文明
民族	ゲルマン人	アラブ人、トルコ人等	インド人
風土	湿潤と乾燥	乾燥	モンスーン、湿潤
	森林と牧場	砂、砂漠	
	牧畜、麦作	牧畜	
	肉食、パン食	肉食、パン食	
	攻防激しい	攻防激しい	攻防激しい
	石作りの家	石作りの家	
社会	軍人優位	軍人優位	軍人優位
	都市と王宮は城塞	都市と王宮は城塞	都市と王宮は城塞
	分化型集団（スペシャリスト）	分化型集団（スペシャリスト）	分化型集団（スペシャリスト）
	上個人下奴隷	掟共同体	多重共同体
個人	肉食スピリッツ	肉食スピリッツ	肉食スピリッツ
	スペシャリスト	スペシャリスト	スペシャリスト
	強い自我	強い自我	強い自我
	自己主張	自己主張	自己主張
	迅速決定伝達	迅速決定伝達	迅速決定伝達
	二重基準	二重基準	二重基準
	怨みの持続	怨みの持続	怨みの持続
宗教	一神教	一神教	多神教
	キリスト教	イスラム教	ヒンドゥー教
	永遠の命	永遠の命	永遠の命
	観念原理	観念原理	観念原理

2. 敵対型文明と温和型文明

敵対型文明と温和型文明

以上の文明の歴史を考察してみると、西洋文明、中近東文明、インド文明、中国文明は程度の差こそあれ、常時戦争状態の中の文明であり、日本文明はそうではない文明であって、際立っていることが分かる。

前者の文明と後者の文明の差は幾人かの研究者によって、峻別規定されてきた。中山治は「要塞文明」と「無常感文明」（『戦略思考ができない日本人』）として対比し、日下公人は「好戦的な民族」と「平和的な民族」（『戦争が嫌いな人のための戦争学』）と規定した。川勝平太と安田喜憲は「敵を作る文明」と「和をなす文明」（『敵を作る文明・和をなす文明』）と捉えた。安田喜憲は「力と闘争の文明」と「美と慈悲の文明」（『一神教の闇』）と分類した。「常時戦争型文明」と「常時平和型文明」としてもよいし、「弱肉強食型文明」と「親和融和型文明」としてもよいであろう。本書では「敵対型文明」と「温和型文明」として表現する。

敵対型文明

敵対型文明とは、他の異民族・異人種が常に攻めてくるかもしれない状況の中で、自らを常に守らねばならない環境下での文明である。「要塞型文明」「常時戦争型文明」のことである。西洋文明しかり、中近東文明しかり、インド文明しかり、中国文明しかりである。

敵対型文明では、①地理上はお互いに陸続きで、歴史上常に異民族からの侵入・占領・支配があり、逆に他民族地域への侵入・侵出・占領・支配もあった。②時には複数民族が入り乱れて、混乱を繰り返し、同じ民族にあっても、文化や生活の断絶なども生じた。③戦争回数は格段に多く、侵略、略奪、虐殺、奴隷化、火あぶりの刑、ホロコースト、ジェノサイドなどが日常のように起こる。

敵対型文明では、④軍事は重要で、政治のリーダーには戦争術に長けた者がなるのであり、軍人の位が高く、軍人の数も多い。⑤国境、都市、王宮は敵の侵入を防ぐために、城壁や堀で囲まれている。例えば、ハドリアヌス長城、アントニヌス長城、リーメス・ゲルマニクス、万里の長城など。⑥常に相手に勝つために、戦略・戦術が発達する。例えば、孫子『孫子』、韓非子『韓非子』、『実利論』(アルタ・シャーストラ)、マキャベリ『君主論』、クラウゼヴィッツ『戦争論』など。⑦敗戦や失敗したときには、その出来事や相手の国や民族のことを、いつまでも忘れずに(怨念として残る)、常に次に戦うときにはどうすべきかを考えている。⑧自己利益優先なので、町並みは汚い。

敵対型文明では、国家・社会レヴェルで攻撃的であるが、それは個人レヴェルでも同様である。⑨

常に他人に対して自分はエライのだ、とアピールする必要がある。⑩自我は堅く強いものとなる。⑪互いに他人を信用することなく、和することはせず、性悪説が一般的となる。個人間であることを認め合うときは、取引を行って「契約」を結ぶ。⑫事故や事件が起こり、個人間が争う場合、個人は謝ることとなく、どこまでも自己の正当性を主張する。弁護士や裁判技術が発達する。⑬自己主張が強く、弁論術が発達する。例えば、ソフィストの弁論術、デモステネスの雄弁、アリストテレス『弁論術』、イソクラテスの弁論術学校、キケロの雄弁、クインティリアヌス『弁論家の教育』などがある。⑭同様に、論理学も発達する。例えば、エレア学派の弁証法、アリストテレスの論理学、仏教論理学、中国論理学などがある。

温和型文明

温和型文明とは、敵対型文明とは異なる環境下での文明、「非要塞型文明」「常時平和型文明」のことであり、日本以外には、昔の中南米文明やオセアニア文明がこの中に入るのかもしれない。この辺はこれらの文明研究の進展に待つしかない。

温和型文明では、①地理上は大陸から離れていた島であることが多く、歴史上異民族からの侵入・占領・支配もほとんどなく、逆に異民族への侵出・占領・支配もほとんどなかった。②複数民族が入り乱れて混乱を繰り返すことなく、同じ民族内で文化や生活は絶え間なく流れていた。③戦争回数は驚くほど少なく、侵略、略奪、虐殺、奴隷化、火あぶりの刑、ホロコースト、ジェノサイドなどは起こりえない。

温和型文明では、④軍事は重要ではなく、政治のリーダーは文化的教養の高い者がなるのであり、軍人の位は高くなく、軍人の数も多くない。⑤敵に攻め込まれることはあまりないので、都市や王宮は城壁や堀で囲まれてはいない。⑥戦争を通じた悲惨な目に遭っていないので、戦略・戦術は発達しない。⑦戦争はあまりないので、次の戦争のときにはどうするか、とは考えない。失敗の反省という伝統がない。戦火や嫌なことがあっても、水に流すし、すぐ忘れてしまう。⑧全体の中の自己を意識するので、町並みは綺麗である。

温和型文明では、国家・社会レヴェルで常に平和的であり、それは個人レヴェルでも同様である。⑨常日頃、自分はエライのだ、とアピールする必要がない。⑩自我は堅く強いものになる必要がないので、柔らかく弱い。⑪互いに同質だとの意識から、他人を信用し、和するようになり、性善説が一般的である。個人間であることを認め合うときは、仲間内であるので、わざわざ取引を行って「契約」を結ぶ必要はない（契約の観念に欠ける）。⑫事故や事件が起こり、個人間が争う場合も、大紛争に発展することはほとんどなく、裁判に行くまでに、個人は謝り合いや話し合いによって、解決することが多く、従って弁護士や裁判技術が発達することはない。⑬自己の思いは相手には「あうんの呼吸」で通じるので、自己主張をする必要がなく、弁論術は発達しない。⑭同様に論理学も発達しない。代わりに心情が細やかになり、雪月花・花鳥風月の心、茶の湯、生け花、香道、和歌・俳句、石庭、盆栽などなどが発達する。

日本にも戦乱の時代があり、敵対型と同様ではないか、という指摘もある。確かに源平合戦の頃、南北朝の頃、戦国時代、幕末の頃には戦争は多かったが、そういった時代は全体においては稀な時期であり、しかも同国人どおしの戦いである。そして戦乱の時代が終われば、平和な体制へと揺り戻しが行われている。そのような格好の例が鉄砲の扱われ方である。戦国時代には世界屈指の鉄砲生産国、使用国であったが、平和な江戸時代になると、生産が中止となり、技術改良は行われていない。敵対型文明の国々では、一時の平和にあっても、鉄砲の生産・改良が中止になることはない。このことからも日本は温和型文明であることが分かるのである。このことはノエル・ペリンの『鉄砲をすてた日本』（原書1979年）に詳しい。

敵対型文明人の論者で、日本を温和型文明であるがゆえに、ユニークで変わった国と認める、現代の論者にグレゴリー・クラークがいる。彼の関心は政治、経営、経済、社会にあるので、本書の道徳中心の考察では登場しないが、背景にある温和型文明の把握は筆者と同じである。

3．牧畜型文明と農耕型文明

牧畜型文明と農耕型文明

一方、風土のうち、気候、土壌、産業、主食などに注目して、文明を分類する方法も行われてきた。その代表は和辻哲郎『風土』である。これによると、文明には三つのタイプがあり、一つは①牧場型であり、その地域は西洋であり、特色は湿潤と乾燥との総合、夏は乾燥期、冬は雨期である。二つ目は②砂漠型であり、その地域はアラビア、北アフリカ、蒙古であり、特色は乾燥である。三つ目は③モンスーン型であり、その地域は東南アジア、中国、日本であり、特色は湿潤、暑熱、湿気との結合である。

これにヒントを得た後の研究も多い。例えば、荒木博之の「牧畜民的基層文化」と「農耕民的基層文化」(『日本人の行動様式』)、渡部昇一の「騎馬型国家」と「農耕型国家」(『正義の時代』)、中尾佐助の「硬葉樹林文化」と「照葉樹林文化」(『現代文明ふたつの源流』)、松本健一の「石の文明」「砂の文明」「泥の文明」(『砂の文明・石の文明・泥の文明』)がある。

牧場型文明

和辻の言う牧場型文明をまとめてみると、次のとおりである。①気候は湿潤と乾燥の総合である。夏は乾燥、冬は湿潤である。その気候のために、牧場では夏に雑草が生えず、冬草が主となる。したがって、雑草との格闘は不要となる。他方で、大雨、洪水、暴風といった自然の暴威がない。自然は従順そのものである。②人間への影響としては、人間が従順な自然を統御しようとする。自然を観察し、統御するための原理を見つけ出そうとし、法則性を探り出す。それを利用すれば、土地はさらに従順になる。それが別の法則性を探究する契機となる。つまり合理性が発達し、自然科学が進展す

表２　二指標による各文明の位置

			戦争・環境の型		敵対型	温和型
			侵略、戦争の多さ		侵略、戦争多い	侵略、戦争少ない
			戦略ありなし		戦略、軍事術発達	戦略、軍事術なし
			心の善悪		性悪説	性善説
			論理と情緒		論理発達	情緒発達
風土の型	気候	土壌	産業	食事		
牧場型	乾燥と湿潤	牧草森林	牧畜小麦農業	肉食パン食	①西洋文明	
砂漠型	乾燥	砂漠	牧畜		②中近東文明	
モンスーン型	湿潤	水田森林	米農業	米食	③インド文明 ④中国文明	⑤日本文明

る。③社会への影響としては、人と人の結びつきは部族となり、ポリスが日本の「うち」に相当する。ここから個人主義を基礎にした社交的な人間関係が生まれる。

モンスーン型文明

和辻の言うモンスーン型文明を同様にまとめてみる。①気候は湿潤と暑熱との総合である。まず、A湿潤については、これによって草木は繁栄し、動物が繁殖する。自然の恵みの面がある。他方、B暑熱と結合した湿潤は大雨や暴風、洪水となって人に襲いかかる。②人間への影響としては、Aについては、暑さよりも防ぎがたく、耐えがたいものの、自然への対抗を呼び覚まさない。Bについて、その脅威が強大過ぎて、人は自然に対抗することを断念し、忍従することに甘んじる。ここから受容的、忍従的性格が形成される。③人と人の結びつきは家である。④モンスーン型には、インド型、中国型、日本型などがある。

日本型農耕文明

モンスーン型文明の中の日本型は、熱帯的であると同時に寒帯的という地政学的ポジションにある。活発敏感であるがゆえに、疲れやすく、持久性を持たない。季節的、突発的、台風一過、があることから、忍耐力が形成される。

日本型農耕社会の特徴として、渡部昇一は次のように指摘する。すなわち、①米作りは生産性が高いがゆえに、土地に執着することになる。②米作りのために、定住することになるので、安心感が生ずる。言挙げせずとなる。人徳が生じる。③米作りには能力の差は重要ではない。そこから平等感が生まれ、嫉妬が生じ、出しゃばらずが定着する。見栄が生まれる。④コメ作りには協同作業が要となる。そこから和が生まれ、違反者には村八分の制度が生まれる。⑤コメ作りは天候、自然に左右される。したがって、諦めが生じる。

二　指標による各文明の位置づけ

上記に見てきた敵対型文明と温和型文明、牧畜型文明、砂漠型文明、モンスーン型文明を、縦横軸で交差配置してみると、表2のようになる。ここから、①西洋文明、②中近東文明、③インド文明、④中国文明、⑤日本文明は表のような配置となる。ここに日本文明は温和型の要素とモンスーン型の要素を併せ持つことが分かる。

4. 敵対型文明人が温和型文明人を眺めた場合

西洋人の日本発見

大型船舶などの移動手段や航海術が発達していなかった15世紀までは、各地域別々に発達してきた。15世紀中盤以降、大型船舶、航海術が発達し、西洋人が世界各地域へ到達し、各文明との接触が生じた。大航海時代の幕開けである。西洋による世界制覇の開始である。西洋人は世界各地を探検し、新たに大陸や島を発見し、新たな民族、人種に遭遇した。ここに敵対型の西洋人が温和型の日本人と接触する機会が開けたのである。それは驚きの連続であったに違いない。それというのも、日本民族は敵対型民族ではなく、温和型という新たなタイプの民族であった、からである。

社会習俗、道徳などが逆である。

何に驚いたのか。その第一は、社会習俗や道徳などが西洋と日本とではほとんど逆である、ということであった。表2「2指標による各文明の位置」で確認したごとく、西洋文明と日本文明とは理念的にも、自然地理的にも、最も遠く離れた存在なので、互いの社会習俗や道徳などは大きくかけ離れていて、場合によってはまるで逆という現象も多い。

来日西洋人はこのことにいち早く気づいた。このことを記録に記した者としては、ルイス・フロイス、アレッサンドロ・ヴァリニャーノ、アヴィラ・ヒロン、ラザフォード・オールコック、バジル・チェンバレン、パーシヴァル・ローウェル、ラフカディオ・ハーン、ハンス・モーリッシュ、エンディミオン・ウィルキンソンへと続く。彼等は逆の現象のことを「あべこべ」（topsy-turvydom）や「さかさま」（upside-down）という言葉で表現する。

最初にこの概念で日本についての著作を著したのはフロイスである。『日本覚書』（日欧比較文化論、1585年執筆）がそれである。フロイスはその著において、14の側面から、西洋と日本の社会習俗などがいかに、あべこべ、さかさまであるかを詳細に論じている。一つの逆事象に二センテンスを当て、合計598の事象について記している。

それに続く人たちでは、それを凌ぐ事象数はないものの、新たに事象を指摘したり、驚きの言葉の新規さを競ったかのごとくである。逆事象の指摘では、オールコックが文字の書き方、鍵のかけ方、カンナの削り方、仕立屋の縫い方、馬の乗り方などを記し、ローウェルは言葉の順序、文字の書き方、傘の置き方、マッチの擦り型などを述べ、チェンバレンは書物の表裏、酒と料理の順序、馬の取扱い方、船の浜への引き上げ方などを書いた。

驚きの言葉としては、ヴァリニャーノは次のように記した。すなわち「その差は甚だしく、日本人がわざと逆をやっている、としか考えられないほどである。逆さまぶりは実に想像を絶するほどで、日本を西洋の完全な裏返し、と見ても間違いがないだろう」。

日本人の能力高い。

何に驚いたのか。日本人の種々の能力の高さに感嘆した者は多い。例えば、フランシスコ・ザビエル（2発言）、コスメ・デ・トルレス、ニェッキ・オルガンチーノ、ルイス・フロイス（2発言）、コスムス・ワルレンシス、アレッサンドロ・ヴァリニャーノ（4発言）、アルノルドゥス・モンタヌス、エンゲルベルト・ケンペル、ウィレム・カッテンディーケなどである。

モンタヌスは具体的に次のように言う。「その理解は俊速である。記憶も良く、また想像力にも富んでいる。その正確な判断および学問などにおいては、独り東方の諸国民に超越するのみならず、我等西洋人にすらも優る。……彼等は我等西洋人よりも早く、ラテン語、諸種の工芸科学を知得する」（『遣日使節紀行』）。

証言する人たちに、明治以降の人がいないことが気になるが、それはそれを感じる機会が減少したことなのであろう。戦国時代の宣教師はポルトガル語やラテン語を日本人信者に教えたが、その信者の何人かは短期間にマスターした。明治以降にはそうした機会が激減した。それに近頃は、世界知能指数検査結果から一般化したこと、からだろうとも思える。

文明としての日本

何に驚いたのか。文明としての日本について考察を記述した者としては、カール・ツンベルク、アイザック・ティッシング、ワシーリイ・ゴロウニン、ラザフォード・オールコック、ラフカディオ・ハーン、ルース・ベネディクトなどがある。

例えば、日本文明を西洋文明と東洋文明の中間的なものとする身方がある。オールコックは次のように言う。「日本人の外面生活、法律、習慣、制度などはすべて、一種独特のものであって、いつもはっきり認めうる特色を持っている。中国風でもなければ、西洋的でもないし、またその様式は純粋に東洋的とも言えない。日本人はむしろ西洋と東洋をつなぐ鎖の役をしていた古代世界のギリシア人のように見える」(『大君の都』)。

日本を世界のどこにも見られない文明として評価する者としては、ラフカディオ・ハーンがいる。彼は述べる。「日本人の生活の類い希《まれ》なる魅力は、世界の他の国では見られないものであり、また日本の西洋化された知識階級の中に見つけられるものでもない。どこの国でもそうであるように、その国の美徳を代表している庶民の中にこそ、その魅力は存在する。その魅力は、喜ばしい昔ながらの習慣、絵のような艶やかな着物、仏壇や神棚、さらには美しく心温まる先祖崇拝を今なお守っている庶民の中にこそ、見い出すことができる」(『知られざる日本の面影』)。

西洋に匹敵する文明国となる。

何に驚いたのか。その日本文明が将来西洋に匹敵するものになるであろうと、と予測した者としては、ワシーリイ・ゴロウニン(2発言)、マシュー・ペリー、ラザフォード・オールコック、ミシェル・ルボンなどがある。

例えば、ゴロウニンは記す。「もしこの人口多く、聡明犀利《さいり》で、模倣力があり、忍耐強く、仕事好きで、何でもできる国民の上に、我が国のピョートル大帝ほどの王者が君臨したならば、日本の胎内に隠されている余力と富源をもって、その王者は多年を労せずして、日本を全東洋に君臨する国家たらしるだろう」（『手記』）。その予言は的中した。明治天皇を擁する明治国家がそれを実現した。また、ペリーは述べる。「日本人が一度文明世界の過去および現在の技能を所有したならば、強力な競争者として、将来の機械工業の成功を目指す競争に加わるだろう」（『日本遠征記』）。これも20世紀において実現した。

人類の理想が表現されている。

何に驚いたのか。西洋では考えられない、高い道徳、高い品格の人間がいる、ことへの感嘆である。これについての例示は本書第1章から第5章において確認することになる。この全5章において記してある外国人の引用文すべてがそうである。

もう一つは工業化されていないが、庶民が伸び伸びと、自由に、楽しそうに、生活を楽しんでいる。まるで憂えのない楽園のように感じることである。これについては、「はじめに」で記した渡辺京二『逝きし世の面影』の世界がまさにこれである。

同様なことを感じて記録した者としては、ヨーハン・フィッセル（2発言）、セント・ジョン、タウンゼント・ハリス、ローレンス・オリファント、ヘルマン・マロン、A・ベルク、エーメ・アンベール、エドゥアルド・スエンソン、チャールズ・ロングフェロー、ジョルジュ・ブスケ（2発言）、アーサー・クロウなどを挙げておく。例えば、ハリスは述べる。「私は質素と正直の黄金の時代を、いずれの他の国におけるよりも、より多く日本において見出す。生命と財産の安全、全般の人々の質素と満足とは、現在の日本の顕著な姿である、ように思われる」（『日記』）。ブスケは次のように記している。「国民の幸福が不動、ということにあるのだとすると、確かに地上ではこれに比すべき黄金時代は未だかつて見られなかった」（『日本見聞記』）。

滅んでほしくない文明

何に驚いたのか。その日本文明は西洋の工業化文明、敵対型文明が日本に流入することによって、純粋な日本文明が将来失われるであろう、ことを危惧した者としては、タウンゼント・ハリス、ヘンリー・ヒュースケン、バジル・チェンバレン、ポール・クローデル、アルベルト・アインシュタインなどがある。

クローデルは言う。「私が断じて滅びないことを願う一つの国民がある。それは日本人だ。あれほど興味ある、太古からの文明は消滅させてはならない」（市原豊太『言霊の幸ふ国』）と。その滅びそうになるかもしれない原因は、西洋文明の流入である、ことを自覚している。チェンバレンは言う。「日本が私たちを改宗させるのではなくて、私たちが日本を邪道に陥れることになりそうである」

（『日本事物誌』）。

西洋人の日本人評価

最後に来日西洋人は日本人をどのように評価したのか。敵対型文明人から温和型文明人を見て、どのように評価するのか。彼等はすべて敵対型文明に染まっているから、しかも彼等が地球上の隅々まで探検に出る、いわゆる「大航海時代」では、西洋が東洋その他の諸国を凌駕《りようが》しようと躍進しているときであったので、彼等の染まっている敵対型文明が一番だ、との思いをしっかりと身につけていた。であるので、日本人への判断もその基準に流されやすい。

例えば、西洋人的価値から日本人の習俗、道徳を判断するので、西洋的でないものはすべて劣っている、と判断する。また、日本人の優雅さが分からない。例えば、相手との関係をよくしておきたいことから、微笑みを浮かべたり、あいまいな言葉を喋る。これが欺瞞《ぎまん》的笑いや偽りの言葉だ、と捉える。つまり嘘をついていると見なす。彼等にあっても嘘は最大の非道徳なので、日本人は非道徳的と判断する。この基準に則ると、上記で見たごとく、西洋と日本とでは、習俗や道徳で逆になっていることが多いので、逆なものはすべてよろしくない、ことになってしまう。

こういうことから、彼等の評価は三つに分かれる。①自己の西洋基準に流されて、日本人のすべてを否定する、低評価する。②今までの国では見られない日本人の習慣などに眼を見張るものの、いまだ西洋的基準から抜けきらない。高評価と低評価を併せ持つ。③日本人の習慣などが人類の理想に近

表３　外国人有力論者の分類

	①全面的に批判	②批判と賛美両面	③全面的に賛美
戦国時代 織豊時代	カブラル コエリョ アビラ・ヒロン	フロイス ヴァリニャーノ	ザビエル トルレス オルガンチーノ
江戸時代 （鎖国後）		ケンペル ツンベルク （2人とも賛美の方が多い）	シーボルト ゴロウニン
明治時代 （開国後）		ペリー ハリス オールコック チェンバレン ケーベル	ヒュースケン シュリーマン ベルツ モース バード ハーン
大正、 昭和時代	ベネディクト	ライシャワー	モラエス サンソム夫人 クローデル タウト アインシュタイン

い、と考えるに至り、全面的に高評価を抱く。各時代の有力論者を以上三つのカテゴリーに分類するとすれば、表３「外国人有力論者の分類」のようになろう（80％以上賛美、10％未満批判は③全面賛美として、80％未満賛美、10％以上批判は②批判と賛美両面として扱う）。

実態として、来日外国人のうち、大半は②批判と賛美両面の人、③全面的に賛美の人が大半を占めるのは事実であろう。

第1章　温厚で感情・考え抑制

A　温厚

A「温厚・温和である」全9件

①「日本人民は性質温良にして、礼儀を重んずること甚だしく、戦いに臨んでは勇剛である」

（ウィリアム・アダムズ『書簡』）

②「商人なども粗暴の挙動がなく、実に親切丁寧に、職工農民などの卑賤に至るまでも、西洋とは反対なので、彼等がみな宮中で教育を受けたものだ、と知らない者は思ってしまうほどである」

（ジャン・クラッセ『日本教会史』）

③「温利怜悧《れいり》にして、好奇の情あることが多く、それに比すべき民族など見たことがない」

（エンゲルベルト・ケンペル『日本史』）

④「元来勇猛なる民族であるにもかかわらず、彼等は優しく、温和である」

⑤「日本人の温厚な親切はごく自然で、気持ちが良く、それだけでも彼等の他の様々な欠点を許してしまうことができる」

（カール・ツンベルク『旅行記』）

（エドゥアルド・スエンソン『日本素描』）

引用省略したものに、カール・ツンベルク、ウィレム・カッテンディーケ、エドゥアルド・スエンソン、ラフカディオ・ハーンの発言がある。9人の発言者がそろって、日本人は温和な国民である、と述べているのである。温和であるという表現自体が一般的、総称的発言なので、具体的な記述がないのはいたしかたない。

このA「温厚・温和である」そのものは道徳的というよりも、心理的、体質的なものである。そうではあるが、日本人の道徳を考察するに当たっては、非常に重要であり、以下に述べる、その系に当たるA1からA13までの元になる性質なので、トップに記載するのである。

この性質は序章で規定する温和型文明に基づくものである。序章でのその箇所を確認願いたい。つまり、温和型文明は、①歴史上常に異民族からの侵入もほとんどなく、逆に異民族への侵入もほとんどなかった。②複数民族が入り乱れて混乱を繰り返すことなく、同じ民族内で文化や生活は絶え間なく流れていた。③戦争回数は驚くほど少なく、侵略、略奪、虐殺などはほとんどない。⑩自我は堅く強いものになる必要がないので、柔らかく弱い。⑪互いに同質だとの意識から、他人を信用し、和するようになり、性善説が一般的である。このような状態では、人々の性質も温厚・温和になるものである。温和型文明では、人々は温和なのである。これは温和型文明の一丁目一番地なのである。

A-a 「怒りやすい?」 全1件

①「日本人は怒りやすい。その激情を相手に抑制されると、たちまち元気をなくしてしまうが、相手に自分を抑える勇気がない、と分かると、がむしゃらに立ち向かっていく」

(アヴィラ・ヒロン『日本王国記』)

A「温厚・温和である」の反対証言として、上記A-a「怒りやすい?」が1件ある。これはA「温厚・温和である」の反対証言と言うよりは、後述のG7「忍耐力ある」の反対証言でもある。それにアヴィラ・ヒロンの発言は戦国時代を見ての発言であって、江戸時代を見ていたら、出てこない発言かと思われる。こういうことで、この証言は無視できるものである。

A1 「交際における思慮深さ」 全2件

①「彼等は交際においては、甚だ用意周到であり、思慮深い。西洋人と異なり、彼等は悲嘆や不平、あるいは窮状を語っても、感情に走らない。すなわち、人を訪ねたときに相手に不愉快なことを言うべきではない、と心に期しているので、決して自分の苦労や不幸や悲嘆を口にしない」

(アレッサンドロ・ヴァリニャーノ『日本要録』)

②「日本人は他人と交際するとき、思慮深く、また慎重で、西欧人と違って、自分の心配事や不平不満を、他人に話して相手を悩ませることはしない」

（アレッサンドロ・ヴァリニャーノ『日本要録』）

このヴァリニャーノによる2件は、Ａ１「交際における思慮深さ」を証言するものである。これは道徳そのものではないが、その関連の習俗であるので、ここで記載する。このうち、①はヴァリニャーノの言う、日本人の長所のうちの3番目のもので、タテマエ重視の集団主義とか、聖徳太子「十七条憲法」に通ずるとか、言われているが、Ａ「温厚・温和である」の性質ゆえの、以下の行動を律する大方針と言えよう。つまりはＡ２以下はＡ１の具体例と見なすことができる。

Ａ２「トラブルを回避する」（争いを避ける）全４件

①「貴人の会話は主として他の功名美徳の賛美雅称である。たとえ下賤の日雇人でも、その日常が敦厚《とんこう》でなければ、雇主は直ちにこれを解雇する。要するに、このような人物を用いて闘争の起こることがないように、心しているのである。そうであれば、人々はたとえ古い怨みを心に懐こうとも、決してこれを言辞に表さず、わずかに悲しい不満の面持ちをなすに止まり、ことの善悪曲直にかかわらず、これと争いまたは人の仲裁を求める、ようなことはないのである」

（アルノルドゥス・モンタヌス『遣日使節紀行』）

②「その街道に出てみても、通行する平民にいささかの諍《いさか》いがある、ことを見ることはない。夫と妻と、主人と僕と、の間にはもちろん衝突はない」

（アルノルドゥス・モンタヌス『遣日使節紀行』）

③「私に不思議に思われたことは、江戸に滞在している期間を通じて、女の口汚なく罵《ののし》る声を聞いたことがないこと、また街を通るときに、いつも一杯の人混みだが、それでも騒ぎを見かけたことがないこと、である」

（ローレンス・オリファント『エルギン卿使節録』）

④「（人力車が衝突する場面で）優美なお辞儀で満足して、互いに丁寧に許しを請うのである」

（カール・ムンチンガー『日本人』）

これらの証言は道徳そのものではないが、その関連の習俗であるので、ここで記載する。これらはA1「交際における思慮深さ」の具体化の大原則と捉えることができる。つまりは日本人は「交際における思慮深さ」を発揮して、具体的には人間関係において「トラブルを回避する」ことに主神経を使う。

A3 「下位者が上位者に忠節を尽くす」（主従関係良い） 全9件

①「日本人は侮辱されたり、軽蔑《けいべつ》の言葉を黙って我慢している人々ではない。武士以外の人たちは、武士をたいへん尊敬し、また武士はすべて他の領主に使えることを大切にし、領主によく臣

従する。彼等が臣従しているのは、もしも反対のことをすれば、領主から罰を受けることになるが、それよりも臣従しなければ、自分の名誉を失うことになる、と考えているためだ、と思う」

（フランシスコ・ザビエル『書簡』）

②「貴族たちは少しでも召し使いが服従しないときは、殺してよいことになっている。だから彼等は主人には従順で、主人と話すときは、頭を低く下げ、両手を地面につけて話すのである」

（コスメ・デ・トルレス『書簡』）

③「日本国民は幼少のときから、主君および両親に服従することを、原則として教え込まれる。年長者の行動は若年者の規範とされる。そうであるので、この国の子供は従順なる心のお陰により、我々西洋人が子供に頻繁に課する譴責《けんせき》および刑罰を免れているのである」

（カール・ツンベルク『旅行記』）

④「上級者と下級者との間の関係は丁寧で温和であり、それを見れば、一般に満足と信頼が行き渡っている、ことを知ることができよう。各人はそれぞれの境遇において幸福であり、家僕は決して自分の主人を凌《しの》ごう、などと望んだりしないのである。若者はその鋭敏な能力を悪用して、老人から権力を強奪しよう、としないように、心がけている」

（ヨーハン・フィッセル『日本風俗備考』）

上記はA３「下位者が上位者に忠節を尽くす」の証言である。外国人の証言としては、上記の他に、アレッサンドロ・ヴァリニャーノ、アヴィラ・ヒロン、ウイリアム・アダムズ、アルノルドゥス・モンタヌス、ニコライことイワン・カサートキンの証言がある。

Ａ３「下位者が上位者に忠節を尽くす」は、Ａ２「トラブルを回避する」の具体化の一つであり、職業などでの上下関係において、いかにトラブルを回避するか、に備えるものである。「下位者が上位者に忠節を尽くす」ことにより、それを達成するのである（Ａ４以下もすべて同様の趣旨である）。これにはもう一つ、上位者が下位者を労る要素が要るが、それについては、Ｃ「思いやり」の中のＣ４「弱者への敬意、労り、配慮」として、考察することになる。

Ａ３「下位者が上位者に忠節を尽くす」ことが普遍的であったことを示すものとしては、次がある。すなわち、それを体現する人物として、平重盛（忠誠か孝行かに悩んで、親を諫《いさ》めた）、楠木正成（自己を犠牲にしてまでも約束を守り忠誠を尽くした）、児島高徳（忠誠心を歌に凝縮させた）、上杉鷹山《ようざん》（師の細井平洲を米沢に招き、敬い奉った）、高山彦九郎（京都三条河原で御所に向かって土下座して天皇への忠誠心を示した）、伊能忠敬（自らが亡くなった後、師の墓の側に葬ってもらいたい、と遺言した）が挙げられる。

諺・名言としては、「先生を敬え」「三歩下がって師の影を踏まず」などがあり、寺子屋の教科書にも、年長者を立てることが言われており、「自ら卑しうして人を尊《たっと》め、彼を先にして己を後にせよ」「その父を敬えば子悦《よろこ》び、その君を敬えば臣悦《よろこ》ぶ」とある（『金言童子教』）。

Ａ３「下位者が上位者に忠節を尽くす」ことは武家社会にあっては当然のことであり、多くの武家の家訓に採り入れられ、文章化されている。例えば、北条早雲「二十一箇条」、武田信繁家訓など。

同様のことは商家の家訓にも見られる。三井（伊勢）家憲の「上下敬愛の事」、市田家（近江五個荘）家則の「上下の規律」、水口屋（駿河）店方定書の「上司を尊敬し、陰口、悪口などを言わぬこと」、外村與左衛門家（近江五個荘）心得書の「身分の上下をわきまえること」「主人に忠義、親に孝行、人情を知ること」、住友（京都）総手代勤方心得の「主人への奉公」「主人への忠誠」などなど。

A3「下位者が上位者に忠節を尽くす」ことを思想の柱とした思想家としては、聖徳太子「承詔必謹」、林羅山「上下定分《ていぶん》の理《ことわり》」、山崎闇斎「居敬窮理《きよけいきゆうり》」「敬」、中江藤樹「愛と敬」「孝」、貝原益軒「報恩」、本居宣長「直毘霊《なおびのみたま》」、二宮尊徳「報恩」などがある。

上司または上位者への忠誠心はどのように生じるのであろうか。会田雄次の考えに添って説明すると、次のとおりである。つまり、敵対型文明では、特に西洋では、自然な忠誠心が生ずるのが難しいため、契約によって、組織への帰属と忠誠を得る。それに対して日本では、肉体的親和力に求める、と言う。「日本には親分子分の関係、親と思うか、兄貴として慕うとか、いう関係がうまくできていて、この人のためならば死んでもいい、という〝妙な〟相互関係が、契約関係以外のところで出来上がっていった」（『極限状況の日本人』）。

その他の説明では、基礎集団への帰属意識が問題であり、忠誠が湧き出る組織とは「運命をともにする集団」「人事が完結している単位」「第一帰属」である（大石久和『国土が日本人の謎を解く』）。あるいは「和の精神」ないし「我の原理」で成り立っている社会集団である（川島武宜『日本人の法意識』)。これらの集団では、「相互の間に区別が明らかでなく、ぼんやり漠然と一体をなして、溶け合っている」状態で、忠誠心が醸成される(同上)。

A3-a1 「上に対して忠誠ではない?」 全2件

① 「日本では、仏教の僧侶でさえも、20年もその弟子に奥義を明かさぬ、と言う。彼等は一度教義を知るや、上長や教師など眼中になく、独立するのである」(フランシスコ・カブラル『書簡』)

② 「第二の欠陥は主君に対して忠誠でない、ということである。機会さえあれば、王位を奪ったり、敵と通謀して、反旗を翻す。……だが、彼等はこの表裏反復の行為を決して不名誉な行為だと思っていないので、ほとんどの諸侯たちの座はいつも不安定であり、戦乱が絶え間ない」

(アレッサンドロ・ヴァリニャーノ『日本要録』)

A3-a2 「忘恩である?」 全1件

① 「一般に忘恩で、貪欲であり、けちである」

(アヴィラ・ヒロン『日本王国記』)

◎A3-a1、A3-a2について

A3「下位者が上位者に忠節を尽くす」との観察については、以上三つばかりの反証証言がある。

その最初はA3-a1「上に対して忠誠ではない?」というものである。このうち、A3-a1①の発言は忠誠ではない、という証言であるとともに、傲慢、偽装的である、との指摘でもある。A3-a1②の発言は、ヴァリニャーノの唱える日本人の五大悪のうち、二番目の悪についての記述である。三つ目の反証はA3-a2「忘恩である?」というものである。

ヴァリニャーノの来日は1579年であり、『日本要録』が書かれたのが1583年であり、その時期までは戦国時代のまっただ中であり、それまでにヴァリニャーノが書いたようなことがあったのは事実である。三好義継などによる将軍足利義輝暗殺（1565年）、松永久秀の三好勢追放（1568年）、織田信長による将軍足利義昭の追放（1573年）、明智光秀による織田信長打倒（1582年）などがあった。

これら4例はいずれも戦国時代のものであり、下克上を見抜いたヴァリニャーノの眼力は鋭く、その時代にあっては一面の事実ではあったが、日本人の長い歴史の中では、A3発言が9件あることからも、日本人の特性とは言いがたい。

山本博文によると、家臣には家礼《けらい》型と家人《けにん》型の二つある。家礼型はもともと独立武士で、状況によってより強い武士と主従関係を結ぶ武士であり、主人が自分より劣っていると判断したり、好機だと判断した場合は、主君を追い出す訳である。他方、家人型は代々その家に仕えている武士であり、家に仕えること自体がアイデンティテイなので、忠実に使える（『東大流教養としての戦国江戸講義』）。ヴァリニャーノが見た下克上もすべて家礼型家臣によるものであった。それに家礼型家臣よりも家人型家臣の方が圧倒的に多いのであるから、A3-a1「上に対して忠誠ではない?」やA3-a

2「忘恩である？」は真実ではないのである。

A３-a３　「状況に応じて態度変える？」　全１件

①「形勢が不利になると、再び寝返って、真の同盟者であるかのように偽装するが、しばらく経つと、また反乱を起こす」　（アレッサンドロ・ヴァリニャーノ『日本要録』）

A３-a４　「極端（別方向）に走りやすい？」　全１件

①「何事にも極端に走りやすい。すべてのことが変転する」　（アヴィラ・ヒロン『日本王国記』）

◎A３-a３とA３-a４について

A３「下位者が上位者に忠節を尽くす」との観察についての他の反証が、上記A３-a３「状況に応じて態度変える？」である。①のヴァリニャーノの発言は上記A３-a１②での……部分の発言である。これは道徳そのものではないが、その関連の習俗であるので、ここで記載する。

ここで問題としているのは人々の上位者への態度である。A３についての反証言はすべて社会の変動期についての発言であり、歴史上日本は大半が安定期である以上、日本人の性格としてA３「下位者が上位に忠節を尽くす」が一般的である、としてよいであろう。

A３「下位者が上位者に忠節を尽くす」との観察についての他の反証が、上記A３-a４「極端に走りやすい？」である。これについては、昭和に入ってからはルース・ベネディクトの指摘がある。これは道徳そのものではないが、その関連の習俗であるので、ここで記載する。

歴史的事実として、確かに日本は明治維新で、封建儒教志向社会から西洋近代志向社会へと一挙に様変わったのであり、太平洋戦争の敗戦で、鬼畜米英からアメリカ崇拝へと一夜にして変わってしまった。これは日本人の性質の一つかもしれない。

江戸から明治になったときに、過去の江戸期までのすべてが否定されて、廃仏毀釈や浮世絵、古美術の海外流出が起こったり、大名屋敷や城が壊されたり、漢籍や儒学志向が西洋志向に一変した。変わるのは良いが、それまでのものを捨てるのは問題である。その点西洋では、封建制から資本制社会に切り替わるときには、城や宮殿が破壊されることもなく、貴族やその伝統もそのまま保持された。この点は見習いたいものである。

A４「子供が父母を尊敬する」（躾《しつけ》ができている）全７件

①「日本国民は幼少のときから、主君および両親に服従することを、原則として教え込まれる。年長者の行動は若年者の規範とされる。そうであるので、この国の子供は従順なる心のお陰により、我々西洋人が子供に頻繁に課する譴責《けんせき》および刑罰を免れているのである」

（カール・ツンベルク『旅行記』）

②「子供たちは学校でも家庭でも、上長に対する礼儀と尊敬を第一の絶対必要条件として、躾《しつけ》ら

れる。若い人たちの上品な挙止にはまったく驚かされる。日本人はおそらく世界一礼儀正しい国民である。……ことに子供たちは決して喧嘩《けんか》腰になったり、手に負えないようなことがなく、両親や教師には従順で、忠実であり、それだからかえって幸福なのだ」

（エドワード・クラーク『日本での生活と冒険』）

③「物心がつくかつかぬかのうちに、日本の子供は名誉、親切、孝行、そして何よりも愛国心といった原則を、真面目かつ厳かに、繰り返して教えられる」

（メアリー・フレイザー『日本における外交官の妻』）

上記はＡ４「子供が父母を尊敬する」の証言である。総じて幼少の頃から躾教育がしっかりなされているので、叱るとか体罰もなく、道徳的に立派な大人になる、としている。躾ける内容については、①のツンベルクは主君と両親に服従することとし、②のクラークは上長に対する礼儀と尊敬とし、③のフレイザーは名誉、親切、孝行、愛国心としている。証言者としてはこの他に、ローレンス・オリファント、エドワード・モース、メアリー・フレイザー（二発言）の発言がある。

Ａ４「子供が父母を尊敬する」を体現する人物としては、松平好房（居住まいを正して親の言うことを聞き、その教えに背かなかった）、中江藤樹（故郷で一人住む母親に孝行するため、職を辞して親元に帰る）、渡辺崋山（父親が病気になったので、家計を助けるために絵を習い始め、以降20年間看病を怠らなかった）などが有名である。諺としては、「父母の恩は山よりも高く、海よりも深し」

「孝は道の美、百行の本《もと》なり」「孝行をしたい時分に親はなし」「家貧しくて孝子顕《あらわ》る」などがある。

Ａ４「子供が父母を尊敬する」教えは寺子屋教科書には必須のごとく記述されている。『実語教』『童子教』『金言童子教』など。また、武士の家訓にも、商家の家訓にも、これを規定したものが多い。

Ａ４「子供が父母を尊敬する」ことは、仏教では、「四恩《しおん》」（父母、国王、衆生、三宝）の一つとされ、儒教においては、五倫（孝、忠（義）、恕（別）、悌（序）、信）のうちのトップとされる。日本の思想家で親への孝を強調したのは中江藤樹である。一般的に中国では忠よりも孝を優先・重視するが、日本では逆に孝よりも忠を優先・重視する。その中での中江の思想は特異である。

Ａ４-１「老人を敬い、大切にする」

Ａ４「父母を尊敬する」の系として、Ａ４-１「老人を敬い、大切にする」がある。これについては、イザベラ・バードが唯一語っている（Ｃ４③参照）。大正以降においては、キャサリン・サンソムなどの言及がある。現代においては、石黒マリーローズが「日常生活で感じる長者を敬う気持ち」と表現している（『日本だから感じる88の幸せ』）。

西洋における老人は、ロレンツ・ストゥッキ、竹山道雄、井上雅夫、鈴木孝夫などの指摘によれば、使用済みの無価値な人間と見なされ、公園のベンチで虚しくぼんやりと過ごす、存在に成り下がる。入院していても、家族から延命を切願される対象ではない。西洋では寝たきり患者はいない、と言われるのもこうしたことと無関係ではない。

日本においては昔から、老人は長く人生を生きてきた先輩として、敬意の対象となってきた。家の中や公私の会合では上席に座ることになり、企業においては年功序列、終身雇用として遇されてきた。また長寿を祝う習慣があり、還暦、古稀、喜寿、傘寿、米寿、卒寿、柏寿の節目には祝ってきた。家庭内でも孫の面倒見、教育などの役割を担ってきた。

A4-2 「先祖を崇める」

A4-1「老人を敬い、大切にする」の行き着く先は、A4-2「先祖を崇める」となる。これについての外国人による指摘はない。日本の旧家では、家の中の一番部屋に先祖の肖像画や写真を飾り、先祖に見守られて過ごす、という感覚が強い。春分、お盆、秋分の日には、家族で先祖の墓にお参りする、習わしとなっている。

A4-2「先祖を崇める」は東アジア全般で行われていたようだ。中国にも韓国にもあった。それであればこそ、中国文化に染まった仏教が日本にもたらされても、日本で広がる余地があったと、と言える。

ただ、同じ「先祖を崇める」といっても、中国と日本とでは、その背景というか、その様態は大きく異なる。中国では宗族《そうぞく》といって、男系的親族集団で名乗り継ぐ、同じ姓の一族の最年長者の族長を元に結束する。中国での先祖崇拝の対象は男系の先祖のみである。日本では、そういうことはない。

Ａ５　「多言（議論）しない」　全１件

①「すべて多言は日本人にあっては、品位ある人々を大成させるものではない、とされるのは、どの街道に出ても、通行する平民にいささかの諍《いさか》いがある、のを見ないからである」
（アルノルドゥス・モンタヌス『遺日使節紀行』）

多言しないことを指摘した証言としては、今のところモンタヌスのこれ１件であるが、これは重大な指摘である。しかも、多言がないことと争いがないことの関連、を指摘しているのである。これは優れた観察者であったケンペルやツンベルクやシーボルトさえも見抜けなかったことである。Ａ５からＡ９までは道徳そのものではないが、その関連の習俗である。

Ａ５「多言（議論）しない」の諺・名言としては、「沈黙は金、雄弁は銀」「言わぬが花」「いわずもがな」「口は禍の門」「物言えば唇寒し」がある。このことを諭す商家の家訓もある。

敵対型文明の国々においては、他の民族と攻めたり、攻められたりして、さまざまな民族と接することが多い。これら諸民族の人間それぞれの考えや風習は異なる。そういう人間を相手に、自分の考えを伝え、相手の考えを知るには、多言、議論せずには無理である。その結果、争いになってもやむをえない、と考える。心の分からない者どおしであるから、十分言葉を尽くして、自分らの意志を分からせようとする。

それに対して、同じ民族のみが住む日本で同じことを行うと、なぜやぼったいことをしているのだ、となる。議論せずともお互いの考えは分かるではないか、となる。相手の心証を害してしまう。日本人はそれを一番恐れる。それよりは、態度や日頃の言動から、相手の心や考えを推し図ればよいし、それで済むのである。ともかく争いは避けたい。議論せずに相手の心を推察する。

A5-1「相手のことを察する」

A5「多言（議論）しない」を証言したモンタヌスも、A5-1「相手のことを察する」ことまでも見抜けなかった。モンタヌスは来日していないし、日本に関する報告書や著書をまとめて、著書にしただけだからである。

A5「多言（議論）しない」の裏世界には、A5-1「相手のことを察する」文化がある。「多言をしない」ことにするには、それを補う何かが必要である。それが言葉を発せずに「相手のことを察する」ことである。

言葉によらず相手の思いをどうやって察するのか。それは相手の表情、動作、当方への態度、これまでの経緯、相手の環境などから分かるのである。しかし、なぜ分かるのであろうか。相手が同じ日本人だからである。日本人は温和型文明の人間であるので、等しく温厚である。また温和型文明の人間であるので、集団主義的、横並び的である。それであるならば、自分の言動や考えの態度、習慣などから、自ずから類推が効くのである。

Ａ５-２「沈黙を有効に使う」

Ａ５「多言（議論）しない」の系として、Ａ５-２「沈黙を有効に使う」がある。明治の末までの外国人の発言には出てこない。が、現代においては、これに言及する外国人が増えてきた。ルース・ジャーマン・白石は「世界中の人たちに誇りたい日本人の気質」として、「サイレンス（沈黙）は日本人の高度な技」を紹介している（『日本人が世界に誇れる33のこと』）。

沈黙することで自分は同意できないことを伝えることができるし、自ずと相手の間違いを知らしめることもできる。それを言えば、相手が傷つく場合、沈黙によってそれとなく分からせることもできる。高度な技である。

Ａ５-３「ハラ芸で物事を解決する」

Ａ５「多言（議論）しない」の系として、Ａ５-３「ハラ芸で物事を解決する」がある。ハラ芸の意味、定義としてはさまざまなものがあるが、ここではこう捉えよう。すなわち、会談などにおいて、主として、上記のＡ５「多言（議論）をしない」、Ａ５-１「相手のことを察する」、Ａ５-２「沈黙を有効に使う」などを用いて、物事を処理する。上記の三つ以外のその他の技法としては、貫禄やすごみ（迫力）、度胸や経験、人間的魅力、人間関係や政治力がある。要は多言（議論）して事物を解決するのではない、ということである。

敵対型文明の国では、交渉して何かを決めようとするとき、多言（議論）するのが普通である。さまざまな性質、考え方の人間がいるので、すべてを言葉に出して言わないと、お互いの言わんとすることは分からない。ここから言葉を重ねるディベート術が発達する。ここでロジックとレトリックを用いての、ディベートによる交渉となる。日本においては、同質国民なので、お互いの心情や考え方はほぼ分かっているので、A5-3「ハラ芸で物事を解決する」ができるのである。

ハラ芸の世界では、当然とされる要素がある。例えば、性善説、タテマエとホンネ、それに前節までのA3-a3「状況に応じて態度変える?」や、次節以降で扱うA6-1「NOと言わない」、B「感情を表さない」、B-2「いつもニコニコしている」、B3「関係悪化を避けるために真なることを言わない」、B4「曖昧な言葉を使う」、B4-1「政治家用語を使う」（玉虫色の表現）などなどである。

A6 「他人を非難しない」 全1件

① 「彼等は隣人を誹謗《ひぼう》することは稀であり、何人をも嫉《そね》むことがない」

（フランシスコ・ザビエル『書簡』）

A6「他人を非難しない」を体現する人物としては、伊藤東涯（弟子が荻生徂徠《そらい》の悪口をいったとき、それをたしなめた）があり、諺・名言としては、「己を責めて、人を責めるな」（徳川家康）などがある。

A6-1 「NOと言わない」

明治末までの外国人で、これに触れた者はいない。しかし現代では、例えばルース・ジャーマン・白石は「世界に通用する〝NO〟と言わない力」として紹介し、「日本人が知らない、日本の本当の強み」だとしている（『やっぱりすごいよ、日本人』）。同様のことをヘンリー・S・ストークスも強調している（『世界に比類なき日本文化』）。

A6-1「NOと言わない」は、A6「他人を非難しない」の一変形である。実質「NO」やそれに近い状況でも、日本人は決して「NO」とは言わない。「そうですかね」「そうでしょうか」「それは難しいですね」「時間をもらえますか」などなど。「NO」と言うことによって、相手を傷つけたり、トラブルになるのを警戒しているのだ。灰色の言葉を投げ掛けて、そこから自分の真意を察してもらおうとする。

これと類似のやり方に、「イエス・バット症候群」や「総論賛成・各論反対」などがある。これらの現象が出るのも、「NOとは言わない」と同様の趣旨からである。これらも含めた「NOとは言わない」方式は、敵対型文明の人間にはどのように見なされるのであろうか。

純粋の敵対型文明の人間には、これらの方式はまったくの理解不能のものとなる。その結果、このようなやり方をする日本人を不誠実の人と見なすか、論理のイロハも知らない未成人と見なす。対等にディベートのできない未成熟人間と見なす傾向が強いのである。こういうところが、これからの日本人が世界に羽ばたくときに、一つの課題として立ちはだかっている、のである。

ついでに言えば、日本人が国際場裡で外国人と討論するとき、最も活用しなければならないのが「NOを言う」技術である。日本人は体質的に「NOと言わない」が染み付いているので、それはなかなか難しい。国際場裡で活躍する名ディベーターは「NOを言う」名手である。ソ連外相アンドレイ・グロムイコ、イギリス首相マーガレット・サッチャーなどの技は見習いたいものである。

A7 「相手に要求しない」 全1件

①「無私無欲の宿の主人、芝居の小間使いのような清潔な女中。彼女たちは嫌な顔一つせず、いつも歓迎してくれ、やさしく迎えてくれるのである。この人たちには一体心配事というものがないのであろうか。彼等がいつもこのように機嫌よくしているからには。その答えはまったく簡単である。彼等には要求というものがない、のである」

（エミール・カヴァリヨン『254日世界一周』）

①のカヴァリヨンは、日本人は相手に要求することがない、と言う。同様のことは、昭和に入って、アルベルト・アインシュタインも語っている。日本人は相手に要求することによって、相手の心証を悪くさせることを恐れる。その結果がA7「相手に要求しない」ということである。

A8 「相手の要求を極力受け入れる」(寛容、共生)

これについて直接言及している、明治末までの、外国人による証言はない。しかし、こういうことを言外に含んでいるとして、戦国時代の宣教師の言葉を挙げる歴史家がいる。増田義郎である。増田によれば、ザビエル、ヴァリニャーノの日本人絶賛の言は、そのまま信じてはいけない。それはインドその他のアジア人と比べて、自分たちの教理を純粋に受け入れてくれる日本人に対して、よい子だ、よい子だ、と言っているのだ、と言う(『純粋文化の条件』)。

自らの文化に誇りを持つ、インドとか、中国とか、東南アジアなどでは、キリスト教の教義を説いても端から受け付けない。それに対して、日本人は外来文化に対して寛容なのである。対人関係においては、相手の要求を受け入れる、ということである。

現代において、例えば、ルース・ジャーマン・白石は「世界中の人たちに誇りたい日本人の気質」として、「日本人は〝共生〟という〝種〟を蒔《ま》いている」と書いている(『日本人が世界に誇れる33のこと』)。石黒マリーローズは「感動したこと」として、「外国の文化に対して寛容な精神」「日本人の寛容な心や国際理解への姿勢は、外国人に温かいものとして映っている」「西洋文化の由来など、異なる文化の話でも、お話すると喜んで聞いてくれる」を挙げている(『日本だから感じる88の幸せ』)。

温厚であるとの流れの中で、明治末までの外国人が指摘していない、したがって気付いていない、大きな項目が「寛容」ということである。「寛容」という言葉で言えば、その意味は二つある。①他人の過失を咎《とが》め立てせず、人を許すこと、②心が寛大で、よく人や思想を受け入れること、である。

現代においては、この①②二つの意味を含めて、寛容であることが日本人の性格の代表的なものとして、外国人にも知れ渡っている。寛容と思いやりが日本人の二大長所である、との見解もあるくらいである。この寛容という性格は、温厚であり争いを好まない性格ゆえの、一つの知恵としての帰結である。

A8「相手の要求を極力受け入れる」（寛容、共生）を体現する人物と言えば、①の意味での寛容では、貝原益軒（大切に育てていた牡丹を書生が折っても怒らなかった）であろう。②の意味の寛容では、仏教や儒教を受け入れた日本人全体がそうである。諺・名言としては、「寛ならざれば、和はならず」「寛仁大度」「天空快闊《かいかつ》」「人の過ちを許せ」「罪を憎んで人を憎まず」「清濁併せ呑む度量」などがある。

A8「相手の要求を極力受け入れる」（寛容、共生）は、特に宗教と思想の分野で著しかった。仏教や儒教を排斥せずに、受け入れたのであった。この寛容という徳が醸成されていくことは、やがて「和」とか「共生」とか誕生の基礎になるものであった。これについては終章で採り上げる予定である。

A7「相手に要求しない」があり、A8「相手の要求を極力受け入れる」があれば、日本人はまったく自己を主張せず、相手の言いなりになるイメージとなる。これをもって、日本を「受け身文化」と捉えることも可能である。呉善花はそれを「受け身志向」と名付ける（『日本人を冒険する』）。それは相手を受け入れるほど、自己に中身がないからではなく、受け入れるほど度量が広く、柔軟である、ということである。

A9 「己の不幸・不利を訴えず」 全1件

①「いかなるときにも、己の不幸困難を愁訴せず、また己の損失を憂えず、心を蝕《むしば》む激しい悲哀が胸裡に存するときも、よく楽しげな顔貌をもってこれを覆う、という驚くべき能力を有する」

（アルノルドゥス・モンタヌス『遣日使節紀行』）

①のモンタヌスは、自らの不幸、困難、損失などを語って、相手に不要な心配をかけたくないので、そういう場合であっても楽しげな顔をしている、と述べている。この他には、A1「交際における思慮深さ」のところで挙げた二つの発言も、本項目の証言でもある。それらを入れれば、全3件である。

A10 「謙譲である」（慎み深い） 全5件

①「日本人の慎み深さと躾《しつけ》の良さは天性のもの」

（ルイス・フロイス『日本史』）

②「役人たちの威厳ある態度、礼儀正しさ、謙虚さは、日本人が非常によく教育されていることを示していた」

（ニコライ・レザノフ『日記』）

③「これらの青年はサムライの子息たちで、大いに富有な者も貧乏人もあるが、皆お互いに謙譲

で、丁寧であり、また非常に静かで、注意深い」（エドワード・モース『日本その日その日』）

提示している三つはともに日本人がA10「謙譲である」（慎み深い）ことを記している。その他にはラザフォード・オールコックとエミール・ギメの発言があり、この二人の発言はA10-1「自己のことを卑下する」において提示している。

A10「謙譲である」（慎み深い）を体現する人物としては、貝原益軒（ある若者が益軒ばりの理論を目の前で吹聴しても、黙って聞いていて、最後に名乗った）、久坂玄瑞と高杉晋作（ともに謙遜して互いを褒め合った）などがいる。

諺・名言としては、「謙譲の美徳」「一歩下がった姿勢」「相手に譲る精神」「頭が低い」「腰が低い」「実るほど頭《こうべ》の下がる稲穂かな」「自分の物食って人の気がねせよ」「謙遜の者は遂に幸来る、不遜の者は遂に災害来る」（楠木正成）、「善を誇れば善を失い、能に誇れば能を失う」（貝原益軒）などがある。商家の家訓にも、数は多くないが、謙譲を規定したものもある。

A10「謙譲である」（慎み深い）という性質は、我々の立場では、上記で見てきたごとく、A2「トラブルを回避する」の具体化の一連のものの一環である。それとは異なる観点から、なぜ謙譲なのかを説いた説の一つが、谷沢永一の「未然形の劣等感」説である。これは一見かなり説得的な説である。

この説によると、日本は永遠の後進国である。実際には後進国ではないけれども、日本人はみなそう思っている。だから、目標は常に先に置かれる。まだ足りない、まだ遅れている、と思っている。その気持ちが国発展の推進力になった。その心は「やる気に直結したコンプレックス」である。だから、威張らないで、いつも謙虚である、と言う（『日本人が日本人らしさを失ったら生き残れない』）。だか

この説は日本が発展してきた説としては正しいが、謙譲であることの一般的な説明になっているか、は疑問である。例えば、最近の中国は日本に倣って、常に目標を先に置くという政策を採って発展してきた。そしたら中国は謙譲になったのであろうか。とんでもない。常に謙譲とは反対の姿勢である。

これについては、単に目標を先に置くだけではダメで、「やる気に直結したコンプレックス」の心になれば、謙譲になるであろう、と反論はできる。だが、「やる気に直結したコンプレックス」がなくとも、目標を先に置くだけで、他の要素（他国から技術を盗み取るなど）によって、発展できることを示せば、発展のために「やる気に直結したコンプレックス」が入り込む余地はなくなってしまう。だから逆に、中国は謙譲ではない、ことの説明にはなる。

この説が成り立つためには、日本以外の後進国が「やる気に直結したコンプレックス」を持って、目標を先に置く政策を採って、発展を遂げたとき、その国の国民は謙譲になったか、を見ればよい。

ただ、谷沢が指摘するごとく、謙譲の美徳、一歩下がった姿勢、相手に譲る精神が日本社会を形作ってきたのは確かである。そして謙譲の徳を持たない、自分の国が世界の中心だする傲慢さの中国や韓国は、我が友にあらず、とすることには大いに共感を抱くのである（同上書）。

A10-a「自惚れ強い？」(傲慢？) 全6件

①「日本人は諸外国と交渉しないので、地球上には日本とシャムと中国しかない、と思い込んでいる。彼等は中国やシャムから習慣や儀式を採り入れたにもかかわらず、それらの国の人々をも軽蔑し、知識や才能ではどの国民にも負けない、と自惚《うぬぼ》れている」

(フランシスコ・ザビエル『書簡』)

②「私は、日本人ほど傲慢《ごうまん》で、貪欲で、不安定で、偽装的な国民を見たことがない」

(フランシスコ・カブラル、『書簡』)

③「日本人はシナ人やコーリア人以外とは交際もせず、知識も持たなくて、世界の果てのこの地域に育っているので、元来彼等自身について、また彼等の民族について、強い自負心を持っている。したがって、尊大で高慢な性質であって、たとえ他の諸民族について見たり聞いたりしても、自分たちの方が優れている、と思う」

(ジョアン・ロドリゲス『日本教会史』)

外国人の証言には、他にはフランシスコ・ザビエル、エンゲルベルト・ケンペル、カール・ツンベルクの言がある。これらはA10「謙譲である」(慎み深い)の反証と思われる。これらは開国するまでの観察であり、6件もあることは、かなりその間の来日外国人に広まっていたものと思われる。しかし、開国以降はこういった記録は見つかっていない。工業化された西洋を知るまでは鼻高々だが、その後はそうではない。ということは、個人の性格としての「謙譲である」(慎み深い)の反証ではなく、他国意識の反映と見なした方がよいであろう。個人の性格としては、逆に自分たちを誇り高く思う名誉心（H「名誉、面目を重んじる」）の証言であるだろう。こういうことで、A10「謙譲である」（慎み深い）は動かない。

A10-1「自己のことを卑下する」全2件

①「我々が第一に知ることは、妙に自己を卑下する傾向であり、個人主義・自己主張がある程度欠けている、ということだが、……」（ラザフォード・オールコック『大君の都』）

②「教育を受けた日本人が、自分の国で認めている信仰を恥に思うのは、奇妙なことである。日本が西洋の思想に関心を寄せるようになったとき、先駆的役割を果たした日本人は、私の考えでは、上辺だけを見て、劣等感に陥る、という誤りを犯したのだ。……しかし何と素晴らしいものを彼等は持っていたのか。それらを理由もなく放棄しているのだ。日本は日本の風習をあまり信用していない。日本はあまりにも急いで、その力と幸を生み出してきた、いろいろな風俗、習慣、制度、思想さえも一掃しようとしている。日本はおそらく自分たちのを見直すときがくるだろう。私は日本のためにそう願っている」（エミール・ギメ『日本散策』）

上記はA10「謙譲である」（慎み深い）の行き過ぎを述べている。ここからは道徳を過ぎて、習俗となる。こういう性質があるから、A10-2「自分が悪くないのに謝る」、A10-3「自己を悪者扱いする」、A10−4「問題が起きたとき、まず自分が反省する」に繋がるのであろう。だから、A10−1「自己のことを卑下する」については、A10−2以下の個別のところで検討する。

A10−2「自分が悪くないのに謝る」

以降は明治末までの外国人発言にないものばかりで、A10「謙譲である」の行きすぎ現象である。そのうち、A10−2「自己が悪くないのに謝る」は日常によく起こる、ちょっとした小さなトラブルへの対処法で、まずはすぐに当方から謝っておけば問題ないだろう、とする安易な対処法である。実際これによって、本来なら大事になったであろうことが、平穏裡に処理されることが多い。実際的な生活の知恵である。前野隆司の言う「日本人の十の特徴」の一つ③「日本人は必要以上に謝る」がこれに当たる（『幸せの日本論』）。

だが、これを敵対型文明の国で行うと、まったく酷い目に遭うことになる。敵対型文明の国々では、互いに我を主張するので、こういう場合でも、状況いかんにかかわらず、自ら謝ることは絶対にしない。だからA10−2「自己が悪くないのに謝る」を敵対型文明の国で行うと、裁判に負けること請け合いである。そうならないために、怒鳴り合い、言い合うのである。

A10−3「自己を悪者扱いする」（自虐）

これもA10「謙譲である」の行きすぎだが、これは極端に悪い面である。すべての日本人に生ずるわけではない。過去の伝統を重んじる人にはこういうことは現れない。左翼的心情の人にこうなる傾向が強い。過去の日本の悪いこと、特に明治から昭和前半までの体制を、殊更に悪く言う。

こういうことは日本で言っても問題ないが、海外で言うと、大顰蹙《ひんしゅく》を買うことになる。自国のことを悪く言うのは、敵対型文明の国にあっては、タブーであり、異常だと見なされる。それだけ敵対型文明国では、愛国者、ナショナリストが多い、ということである。自国が世界で一番の国だ、との教育をしているし、国民もそう思っている。

A10-4 「問題が起きたとき、まず自分が反省する」

これもA10「謙譲である」の行きすぎだが、これは良い面である。これについては、ルース・ジャーマン・白石が「日本人が知らない、日本の本当の強み」として採り上げ、「問題が起きたとき、まず自分を省みる真摯さ」として絶賛している（『やっぱりすごいよ、日本人』）。

二者間で問題が起きたとき、相手に非があるかもしれないが、まずは自分が反省するのである。そうすれば、そのことについては自分に非はなかったが、別の改善すべき点が見つかる、ということもある。これにはJ「教育で人格を養う」（修養、教養）ことと関係している、と思われる。人格成長の一環として、反省するのである。

A11 「平和的である」 全1件

① 「日本は国土が豊かで、国民も善良で、平和的な、まさに天国のような国である」

（ウィレム・カッテンディーケ『日記からの抄録』）

上記はA11「平和的である」の証言である。日本史を見渡しても、戦乱の時代は短く、平和な時代は長い。安定政権ができると、戦乱の時代に逆戻りしないように、いろいろ措置を講じている。例えば、戦国時代に鉄砲は大活躍であったが、江戸時代になって、鉄砲は葬り去られた。その状態をノエル・ペリンは「鉄砲をすてた日本人」と表現した（『鉄砲をすてた日本人』）。

A11-a 「好戦的で残忍、むやみに人を殺す？」 全6件

① 「非常に好戦的な国民で、いつも戦いをして、最も武力の強い者が支配権を握るのである」

（フランシスコ・ザビエル『書簡』）

② 「彼等が人間の身体を切ることに快楽を覚え、そういう性向を持っていること、そして幼少の頃から機会あるごとに、そのことをいかに練習するか、ということになると、ただ驚くほかはない」

（ジョアン・ロドリゲス『日本教会史』）

③ 「この地上に見出されるうちで、最も好戦的で、闘争心のある民族」「些細《ささい》なことで家臣を殺害し、人間の首を切り、胴体を二つに断ち切ることは、まるで豚を殺すがごとくであり、これを重

大なこととは考えていない」「母親でさえ、子供を産むと、食べさせるものがないから、というだけの理由で、子供の胸に足を載せて、殺してしまうことさえある、のである」「15歳になると、若者も大人も、どの社会層の人も、全員が剣と短刀を脇に差す」

（アレッサンドロ・ヴァリニャーノ『日本要録』）

この他には、姜沆、エンゲルベルト・ケンペル（2発言）の言がある。これらはA12「平和的である」への反証である。証言引用した3人は戦国時代であり、引用していないケンペルでは、伝聞容認の記述のようである。それであるならば、これら6証言は平和時代が長い日本にあっては、特殊的なことであり、普遍的ではない、として見なすことはできよう。

B　感情・考え抑制

B「感情を表さない」　全11件

①「我々は怒りの感情を大いに表し、また短慮をあまり抑制しない。彼等は特異の方法でそれを抑える。そして極めて中庸を得て、思慮深い」

（ルイス・フロイス『日本覚書』）

②「彼等は感情を表すことには、はなはだ慎み深く、胸中に抱く感情を外部に示さず、憤怒《ふんぬ》の情

を抑制しているので、怒りを発することは稀である。……人を訪ねたときに、相手に不愉快なことを言うべきではない、と常に心に期しているので、決して自分の苦労や不幸や悲嘆を口にしない。……一切の悪口を嫌悪するので、それを口にしないし、自分たちの主君や領主に対しては、不満を抱かず、天候、その他のことを語り、訪問した先方を喜ばせる、と思われること以外は口にしない」

（アレッサンドロ・ヴァリニャーノ『日本要録』）

③「提督室に案内された全権たちは、初めて見るヨーロッパの装飾品の数々に、きっと驚いたと思うのだが、誰も驚いた素振りさえ見せなかった。そういう感情を表さないのが、どうやら日本の流儀らしい」

（イワン・ゴンチャロフ『日本渡航記』）

④「戦場に行く船に乗り込む前に、兵隊が妻や母親に最後の別れを告げる場面を数多く見たが、そこで彼等が涙しているのを見たことがない。逆に笑顔を見たことは何度もある。と言うのは、日本では、笑顔は心の中の苦しさを隠す仮面となっているからだ」「本当は日本の婦人たちは女性の本能である同情や思いやりに溢れているのだ。夫が出生する場合に自分を抑えることは体面にかかわる重要なことなのである」

（ハーバート・ポンティング『この世の楽園・日本』）

上記はB「感情を表さない」の証言である。この他には、ルイス・フロイス、ジョアン・ロドリゲス、アレッサンドロ・ヴァリニャーノ、ジャン・クラッセ、カール・ツンベルク、ウォルト・ホイットマンの発言がある。ここから、あらゆる場面において、日本人が感情を抑制していることが分かる。B「感情を表さない」のである。ここから以降は道徳ではなく、習俗の領域である。

B−a「欺瞞？」全6件

①「我々の間では、偽りの笑いは不真面目だ、と考えられる。日本では、品位のある高尚なこと、とされている」

（ルイス・フロイス『日本覚書』）

②「日本人たちは自分の心中を曝《さら》け出したり、他人に悟らせたりしないことを、名誉で思慮深いことだ、と考えている。彼等は子供のときから、このように欺瞞《ぎまん》と偽りに充ちた人間になるよう、育てられている」

（フランシスコ・カブラル『書簡』）

③「この心を偽ることを、シナ人が盗みのためとか、その他の利害や商売のためとか、で行っているように、日本人は契約や利害関係のある事柄にまで及ぼして、人を誤魔化す、ということはしない。と言うのは、彼等はこの点で極めて几帳面だからである」

（ジョアン・ロドリゲス『日本教会史』）

この他には、ルイス・フロイス、フランシスコ・カブラル、ジョアン・ロドリゲスの発言がある。これらはB「感情を表さない」への反証である。感情を隠しているので、相手を欺している、つまりB−a「欺瞞？」と解釈するのである。

◎B「感情を表さない」とB-a「欺瞞?」の差は何か。

ここに同じ行動が一方では良いことであり、他方では悪いこととなっている。日本におけるB「感情を表さない」が、西洋ではB-a「欺瞞?」となる。日本では習俗であるが、西洋では道徳として捉えられている。

日本人はなぜ感情を表さないのか。それはA「温厚・温和である」、A1「交際における思慮深さ」、A2「トラブルを回避する」(争いを避ける)からである。相手の発言や動作に気を悪くした場合、ストレートにそれを表情に表すと、それが相手に伝わり、相手もそれに対するさらなる厳しい言葉や表情をするかもしれない。日本では、それを避けるのである。一部の人には欺瞞になるかもしれないが、それよりはトラブル回避を優先するのである。

敵対型文明国の西洋では、相手がより厳しい言葉や表情になってもやむをえないと、と考える。その方がお互いの考えの違いが分かって、その後の解決策にはよい、と考えるのである。逆に、感情を隠すことは正直ではないし、相手に間違ったサインを送ることになり、不誠実だ、となる。トラブル回避よりも、考えの違いの明確化、心と表情の一致を優先するのである。この違いは、どちらが正しいか、良いのかの問題ではない。社会習俗の差なのである。ここに文明間の大きな違いが存する。

B1 「イライラしたり焦ったりは不作法」 全1件

① 「勝麟太郎が〝ペリー提督は善い人ではあったが、しょっちゅうイライラするような、不作法

で妙な男だった〟と言って、本官の態度を窘《たしな》めた。なんとこの国では、イライラしたり、焦ったりすることは不作法で妙なことだ、と言うのだ」

（ウィレム・カッテンディーケ『日記からの抄録』）

これはカッテンディーケがイライラしていて、勝海舟から窘められた、ことを記している。そして日本ではイライラしたり焦ったりすることは不作法である、ことに気づくのである。日本人の性向がB「感情を表さない」であるならば、イライラしないことは当然のことであるし、それはG7「忍耐力がある」やG8「災害などのとき冷静沈着である」（わめかない）、J「教育で人格を養う」（修養、教養）と関係している、ものと思われる。

B2 「いつもニコニコしている」

B2「いつもニコニコしている」を直接に表現する外国人証言はないが、B-a「欺瞞、偽り、偽善？」の①フロイス証言が間接的に表している、と思われる。フロイスの場合、心の中では大変な場合でも、それを隠すかのように、ニコニコしている、と言っている。そこから敷衍《ふえん》して、あらゆる場合にニコニコしている、とすることもできる。日本人は常にA2「トラブルを回避する」（争いを避ける）ことを志向するので、顔の表情として常にニコニコするようになる、と解される。これには個人個人の性格も関連するが、一般的にはこう言えるのではないだろうか。前野隆司の言う「日本人の十の特徴」の一つ⑥「日本人は意味もなくニコニコ笑う」である（『幸せの日本論』）。ただ、B2「いつもニコニコしている」を、敵対型文明人が多い国際場裡で行うことは問題を引き起こす、ことになる。特に、議論をすべき場において、自己の意見を述べず、ただニコニコしている行動は、敵対型文明人からは、こいつはバカか、と見なされてしまう。議論するときは、真面目な顔をして、理詰めで相手を説得することが肝要で、要所要所でジョークで聴衆を笑わせることも必要である。

B3「関係悪化を避けるために真なることを言わない」全2件

①「日本人には常に信ということはない。否、彼等は実際に存することを、実際ないことのごとくに言いなす傾きがある。けれどもそれは話題のいかんにある。これを我がイギリスの貧民社会と比較すれば、私は日本人の言の方をはるかに信頼できる、ものと思っている」

（セント・ジョン『日本沿岸航海記』）

②「彼等の言うことはいかにも不正直ではあるが、我が国の下層社会のそれよりも幼児性を帯び、別に罪悪ともされるほどのことではない。たとえ事実に相違したとしても、ときの有様によって、最良と思われることは、容赦なくこれを放言して恬然《てんぜん》たることは、日本人の習慣である」

（セント・ジョン『日本沿岸航海記』）

上記はＢ３「関係悪化を避けるために真なることを言わない」ことを示している。つまり、Ａ２「トラブルを回避する」とＥ「正直である」（嘘をつかない）とがかち合ったときに、Ａ２「トラブルを回避する」方を採る、ということである。このＢ３「関係悪化を避けるために真なることを言わない」ことは、一種の不正直であり、他方でＢ「感情を表さない」やＢ４「曖昧な言葉を使う」、Ｂ５「トラブルの元になる話題を避ける」にも通じていて、関係悪化を避けるための方策でもある。

Ｂ３-１「〝社交辞令〟や〝嘘も方便〟を使う」

第１章のＡ徳目群とＢ徳目群で確認したごとく、Ａ２「トラブルを回避する」（争いを避ける）ために、Ｂ３「関係悪化を避けるために真なることを言わない」ことが多くなる。そのＢ３「関係悪化を避けるために真なることを言わない」の変種が「社交辞令」や「嘘も方便」と考えられる。あくまで関係悪化防止のためである。

日本人は転居通知などに、近くにお寄りの節はお越しください、などと書くが、それをもらった人が実際に行ってみると、ありがた迷惑の顔をされることがある。こういうことが欧米人からは嘘つきと判断されるのである。これは「社交辞令」や「タテマエとホンネ」や「二重規範」といった問題である。欧米にもこういったことはあるが、日本はとりわけその差が大きすぎる、ということであろう。

ことの真相は、本当のことあるいはホンネを言えば、相手を失望させる、または相手を傷つけてしまう、それで本当のことを言うことよりも、相手を思いやる心を優先して、「社交辞令」や「タテマエ」を言う、ということになる。

B3-2 「ホンネを隠してタテマエを言う」

①「彼等は偽りの教義の中で生活し、欺瞞と虚構に満ちており、嘘を言ったり、陰険に偽り装うことを怪しまない」

(アレッサンドロ・ヴァリニャーノ『日本要録』)

①のヴァリニャーノの言は、欺瞞と虚構に満ちている、ことを言っているが、ホンネよりもタテマエを言っている、ことを指しているものとも考えられる。現代においても、日本人がホンネを言わず、タテマエを言うことは、外国人にはよく知られている。前野隆司はこれを「日本人には裏表がある」と表現し、「日本人の十の特徴」の一つに数えている(『幸せの日本論』)。

タテマエとホンネは日本人の謎の一つで、それだけに日本人論の中心テーマの一つになってきた。そしてそまざまな研究者がこの謎解明に挑戦してきた。仁戸田六三郎、荒木博之、ユンク・ミッテンバーグ、南博、土居健郎、三戸公、竹内靖雄、加藤典洋、中山治、前野隆司などなど。

タテマエとホンネの違いとして分かりやすいのは、荒木博之の出した、太平洋戦争時、出征する兵士に対して、その母親が言った「天皇陛下のために死んで来い」がタテマエであり、言わずに胸に仕舞い込んでいた「生きて帰ってきてくれ」がホンネであった。これに対して、荒木博之が下した解釈は、タテマエが集団の論理であり、ホンネは個人の論理であった（『日本人の行動様式』）。

この場合、母親はなぜホンネを言わず、タテマエを言ったのであろうか。そこには、共同体においては、共同体の存続が最重要課題であり、そのためには個人的欲望や欲求は言ってはならないものだった。あるいは国民結束して敵に当たらなければならないときに、その雰囲気を壊しかねない個人的関心を持ち出すのは憚《はばか》られた、ということもあるだろう。空気の存在ということもある。

我々の立場は、A2「トラブルを回避する」の具体化として、B3「関係悪化を避けるために真なることを言わない」として捉えることである。同様のものとして、上記で見たB3-1「〝社交辞令〟や〝嘘も方便〟を使う」があるのである。「生きて帰ってきてくれ」と言えば、共同体の一員とは見なされなくなり、国家の一大政策に反逆する非国民と見なされ、共同体の一員として、国民として生きていけなくなるのである。それを回避するための日本人の知恵であるのだ。

ところが敵対型文明の国民となると、上記のような束縛がなく、個人はタテマエかホンネかで迷う必要もなく、そのままホンネを出すことができる。上記のような場合でも、母親は「生きて帰ってきてくれ」と言う。国家が戦争に入っていることと、個人の生命がどうなるかということ、とはまったくの別物であり、誰からも非難されることもない。

B4 「曖昧な言葉を使う」 全1件

① 「ヨーロッパでは言葉の明瞭であることを求め、曖昧な言葉を避ける。日本では曖昧な言葉が

一番優れた言葉で、最も重んじられている」

（ルイス・フロイス『日本覚書』）

このことは現代においては、多くの論者が指摘している。例えば、呉善花は「白か黒かを決めない灰色好み」「原理原則や信念が感じられない」と表現している（『日本人を冒険する』）、前野隆司は「日本人は考えをはっきり言わない」としている（『幸せの日本論』）。

B4「曖昧な言葉を使う」その態様はさまざまである。イエス、ノーを迫られたときも、イエス、ノーとは言わず、状況説明に終始するとか、話題を反らすとか、言うとしても、こうでもあるし、あでもある、と言ったりする。恋愛においても、好きだと直接言わず、態度で示そうとしたり、言われた方も、なかなか返事しないとか、人を介して伝えたりする。また、ホンネを言わず、タテマエを言うだけに終わる場合もある。あるいは政治家並みの玉虫色の発言に終始することもある。このうち、タテマエとホンネについては、B3-2「ホンネを隠してタテマエを言う」で扱った。政治家の玉虫色の受け答えについては、この後B4-1「政治家用語を使う」（玉虫色の表現）で検討する。

このようにB4「曖昧な言葉を使う」ことになる理由としては、B「感情を表さない」、B3「関係悪化を避けるために真なることを言わない」の状況と同様であるが、A「温厚・温和である」のもと、A2「トラブルを回避する」ための具体策として、登場する。相手に悪く思われたくない、相手との関係をよくしておきたい、という思いから、相手を刺激する言葉を避け、どちらに転んでも、よく思われるような言葉遣いになるのである。

ただ、こういうＢ４「曖昧な言葉を使う」は敵対型文明の人々からは誤解を招くことになる。Ｂ「感情を表さない」に対しては、Ｂ-ａ「欺瞞、偽り、偽善?·」の証言が出たように、同様な証言が出てくるのである。つまりは嘘つきだと思われるのである。あるいは自分たちとは対等の話ができる相手ではない、と下等人間扱いされるかもしれない。敵対型文明の国々に行った場合、日本人はＢ４「曖昧な言葉を使う」ことを避けなければならない。Ｂ４「曖昧な言葉を使う」は温和型文明の日本だけで通じるものなのである。

Ｂ４-１「政治家用語を使う」（玉虫色の表現）

日本の政治家や高級官僚が国会において「善処します」「前向きに検討します」「慎重に考慮します」などと言う。一方では、これらの言葉は、「これからもそういうことは行いません」という実質否定のオモテ言葉であると見なされる。他方で、今はそうかもしれないが、将来はそうなるかもしれないので、そのための留保を取った発言である、とも解釈できる。Ｂ４「曖昧な言葉を使う」の一変形である。

日本の政治家や高級官僚がＢ４-１「政治家用語を使う」のは、利害関係者との無用のトラブルを避けるためであり、将来の選挙のときに備えて、多くの人の心証をよくしておこう、という気持ちから生ずる。また、聞かれた問題について、確固とした意見を持っていないときのカモフラージュとしても利用される。

敵対型文明の国においては、こういうことはありえない。こういう表現を使えば、政治家失格となることは確実である。言葉の使い方を知らない、そういう問題を日頃から考えていない、問題に対する真剣みが足りない、Aの方向なのか、非Aの方向なのか、どっちなのだ、などの批判が殺到することだろう。

B5 「トラブルの元になる話題を避ける」 全1件

①「彼等が会合したり、訪問したときは、いつも明朗快活で、心配事など決して口に出さない。たとえ話したとしても、それは少しの心配もないのだ、というように談笑する。また、他人のことを、あれこれ言ったり、人の噂話もしないが、主君や彼の家族について、不平を言うこともない。その代わり、季節や天候について話し、それもあまり長くなく、自分で満足するか、相手が楽しむ程度で止める」
（アレッサンドロ・ヴァリニャーノ『日本要録』）

日本人は基本的にA2「トラブルを回避する」（争いを避ける）性向をもっているので、それが言葉においても現れる。用意周到の人ならば、ある人との会談が予定されると、その段階から回避すべき話題の選定に入る。そこからいきおい、話題は無難な天候の話、世相の話などになる。

B6 「直接での表現伝達を避ける」 全1件

①「相談事において感情に走らないために、重要な問題については、直接面と向かっては話さず、すべて書面によるか、あるいは第三者を通じて行うことが、日本での一般的の習慣となっている。これは両親と子供、主君と家臣の間はもとより、夫婦の間においてさえ行われている、ほどである」

（アレッサンドロ・ヴァリニャーノ『日本要録』）

①のヴァリニャーノでは、問題が懸念されるときは、直接会わず、書面にするか、第三者を通じて伝える、ことを書いている。ヴァリニャーノのときはそうだったかもしれないが、現代においては、そこまでもいっていないだろう、と思われる。

しかし現代においても、特殊な場合には、こういう手法も使われる。特に、相手に対して、マイナスの情報を伝えるときである。相手の悲しむ表情を見たくない、当方がそれを見ることによって、相手より上になることを恐れるのである。ここには次章で述べるC「思いやりがある」が現れているのである。

第2章　思いやり・礼儀正しさ

C　思いやり

C「思いやりがある」　全4件

①「日本人は思いやりがあり、博愛心に富んでいる。このことはディアーナ号難破の際に私たちを援助してくれたことで、実際に彼等が示したとおりである。彼等は客好きで、善良である。……私たちを愛想よく迎えて、住居を提供し、生活に必要なものをすべて持ってきてくれた。彼等は友情に厚く、同情心に富む。私たちの滞在中、私たちは誰一人として侮辱を受けなかったばかりでなく、いつも私たち一人一人に対しても、好意と尊厳を示し、私たちが日本を去るときにも、友情を示し、別れを惜しんでくれた」

（ワシーリイ・マホフ『日本旅行記』）

②「復讐を遂げた後の、やさしい心遣いを示したような話は、自分はまったく知らない」

（フランシス・ブリンクリー『手記』）

③「家の女たちは私が暑くて困っているのを見て、うやうやしく扇子を持ってきて、まる1時間も煽《あお》いでくれた。料金を尋ねると、少しも要らないと言い、どうしても受け取らなかった」

（イザベラ・バード『日本における未踏の地』）

④「日本の生活にも、短所もあれば、愚劣さもある。悪もあれば、残酷さもある。だが、よく見ていけばいくほど、その並外れた善良さ、奇跡的とも思えるほどの辛抱強さ、いつも変わることのない慇懃《いんぎん》さ、素朴な心、相手をすぐに思いやる察しの良さに、目を見張るばかりだ」

（ラフカディオ・ハーン『知られざる日本の面影』）

上記の証言はC「思いやりがある」を伝えるものである。そのうち、①のマホフは、下田沖で船に乗っているときに、津波の被害に遭い、船は大破して、航行不能となったとき、日本人が乗組員を上陸させ、陸上で生活の面倒を見、帰りの船を建造し、貸与してロシアに帰らせた、その感謝の言葉を述べたものである。②のブリンクリーは、復讐の真剣による試合で、勝った本人がその場に倒れた相手を手厚く葬った、その一部始終を見たときのことを語ったものである。

現代においても、思いやりがあることは多くの外国人論者が明らかにしている。例えば、石黒マリーローズは思いやりを、「どんな立場であっても相手を気遣い助け合う」「自分の都合より相手の都合を第一に考える」と表現している（『日本だから感じる88の幸せ』）。

C「思いやりがある」という性質も序章に規定する温和型文明に基づくものである。前章のA「温厚・温和である」とA5-1「相手のことを察する」ことによって可能となるものだろう。A「温和である」徳目群、B「感情・考えを表さない」徳目群は、二者間の関係ながら主として本人自身を律する行為であるが、C「思いやりがある」徳目群、D「礼儀正しい」徳目群は、本人自身から相手への行為が中心である。

思いやりの意味としては、「相手の身になって考える、同情する、察して気遣う」(現代倫理学事典)が適当である。これの諺・名言としては、「自分が幸福になりたければ、まず相手を幸福にしなければならない」(立花宗茂)がある。『実語教』にも言う。「我他人を敬えば、他人また我を敬う。己人の親を敬えば、人また己が親を敬う」「己が身を達せんと欲する者は、先ず他人を達せしめよ」。

思いやりの思想的淵源としては、仏教では、「四無量心」のうちの「慈」(慈しみ)であろう。儒教では、「四端《したん》」(生まれながら持つ心)のうちの「惻隠《そくいん》」(思いやり)、「四徳」のうちの「仁」(同情心、思いやりの心)であろう。このように仏教や儒教でも「思いやり」を説いているのだが、それが生まれた地域の人々にそのまま受け継がれている、とは言えない。そうなったのも、それらのインド、中国の度重なる戦乱、動乱などが続いたからである。逆に言えば、そういう環境だったからこそ、それらを避けて理想の道徳基準が出現した、とも言える。

日本の思想では、最澄の「忘己利他《もうこりた》」という考えがある。これは、己を忘れて他人の利を考えよ、自分のことより、周りの人に尽くせ、というものである。これは今日では「比叡山宗教サミット」に繋がっている。中江藤樹は「愛と敬」を説いている。このうちの「愛」は人々の横の繫がりを言い、

「敬」は上下関係の繋がりを言い、いずれにおいても、職業・身分にかかわらず、仲睦まじく交わることが善である、と説く。

戦後日本の論壇で、いち早く「思いやり」が日本道徳の根幹である、ことを主張してきたのは大塚宗元であろう。『日本の心・東洋の心』（1980年）がその代表著作である。『日本の心・東洋の心』と本書はともに、「おもいやり」が日本道徳の根幹である、と同じ立場に立っているが、異なる点がある。それは前者がその原因を思想的淵源に求めるのに対して、後者は戦争・平和などの環境とそれによる習俗の形成に求めるのである。

C-1 「身内への思いやり」

これについての外国人の観察記録はない。明治末までも、それ以降でもない。これを観察するには、庶民家庭に長く住み込んでいないと、無理である。それほど日本人は繊細であり、デリカシーということだろう。

それと言うのも、日本の家族制度は長い間大家族であり、3世代が一緒に住むのが普通であった。それでいて、家屋の構造はプライバシーを保てるほどには、物理的に区分けがなされていない。それでどうやって、若夫婦は子供を産むことができたのか。それは家族には「身内への思いやり」があったからである。

会田雄次によれば、若夫婦の部屋の間仕切りは襖《ふすま》や障子や衝立くらいである。どちらも子供の力で簡単に開けたり、取り外したりできるくらい、物理的にはちゃちなものである。しかし、家族にとっては、衝立が置いておれば、それ以上侵入したらいけないのだ、自重しようとなる。思いやりが心理的な間仕切りを作るのである。

また、若夫婦の部屋に近づくとか、前を通るような場合は、近くの襖や障子を音高く開け閉めする、足音を高くして歩く、咳払いをする、かけ声を出しながら階段を上る、などによって、近づくサインを送る。それと言うのも、直接的な言葉をかけるのはわざとらしいし、意識し過ぎると、むしろ避けられる。これが日本人の繊細な心情、思いやりというものである（『日本人として言い残しておきたいこと』）。

C-2 「〝甘え〟を上手に使う」

戦後の日本文化論の一つとして、土居健郎によって「甘えの構造」が提唱された。これは自意識なしに極めて自然に、相手の自分への好意ある行為を当てにして、振る舞う、こととされている。温情に対する期待である。これが成立するのは、思いやりが当たり前となっている風土のみである。欧米にもこういうことがある、とはされているが、日本のように顕著ではない。

ルース・ジャーマン・白石は「世界中の人たちに誇りたい日本人の気質」として、「日本人は〝甘え〟上手！」を挙げている（『日本人が世界に誇れる33のこと』）。彼女によれば、個人主義のアメリカ人は定期的に精神科医に通っているそうである。誰にも甘えられず、誰にも相談できない状況では、精神がおかしくなりがちなのも、道理である。その点、甘え上手の日本人は精神的に安定している、ようである（同上）。

C1 「親切である」 全15件

①「日本人はもともと親切な国民であるが、中でもキリシタンはとてもよい人々である。彼等ほど親切で思いやりのある者はどこにもいない、のではないだろうか」（フランシスコ・ザビエル『書簡』）

②「この国民はプライドが高く、尚武の精神に燃えているにもかかわらず、特に親切で、如才なく、その中でも新奇を好むところは、世界の他の国民の遠く及ばないところである」（エンゲルベルト・ケンペル『日本史』）

③「日本人の親切なことと善良なる気質については、私はいろいろな例について、驚きをもって見ることがしばしばあった」（カール・ツンベルク『旅行記』）

④「日本人は支配者によって誤らせられ、敵意を持つように唆《そそのか》されないときは、誠に親切な国民である」（ラザフォード・オールコック『大君の都』）

⑤「日本人の温厚な親切はごく自然で、気持ちが良く、それだけでも彼等の他の様々な欠点を許してしまうことができる」（エドゥアルド・スエンソン『日本素描』）

いずれの証言も、C1「親切である」ことを述べている。外国人の証言としては、上記の他に、ジョルジェ・アルヴァレス、フランシスコ・ザビエル、エンゲルベルト・ケンペル、フィリップ・シーボルト、フリードリッヒ・リュードルフ、エーメ・アンベール、エドゥアルド・スエンソン、バジル・チェンバレン、ウィリアム・クラーク、イザベラ・バードがある。

現代においても、数々のテレビ番組で、日本の素晴らしいことは何か、来日して驚いたことは何か、とアンケートした結果では、「親切である」は必ず上位5位内に入る。C1「親切である」の記述も戦国時代から明治時代まで、途切れることなく見い出せる。

親切の意味としては、「相手の身になって、その人のために何かをすること」（デジタル大辞泉）が適当である。そうであるならば、C1「親切である」はC「思いやりがある」と相補性の関係にある、と考えられる。相手に対してC「思いやりがある」と、自然とC1「親切である」ようになる。逆に相手に対してC1「親切である」と、C「思いやりがある」からこそ、となる。

C1「親切である」の諺・名言としては、「他人の親切は、その当時にこそ余計なお世話に見えるが、後になると、もういっぺんうるさく干渉してもらいたい時期が来るものである」（夏目漱石）、「人への親切、世話は慰みとしてしたい。義務としてはしたくない」（菊池寛）がある。商家の家訓としては、二代目中村治兵衛（近江五個荘）家訓の「お客様には親切・丁寧に」、住友政友（京都）家訓の「商いは親切丁寧」がある。

C1「親切である」の思想的、宗教的淵源としては、仏教での「四摂事《ししょうじ》」の中の「愛語」（親切な言葉をかける)、儒教では孟子の「四端の心」(生まれながらの心)では「惻隠《そくいん》」(思いやり)、「五常」では「仁」(同情心、思いやりの心)が当たる、ものと思われる。

C2 「社会を快いものにするべく配慮する」 全3件

①「上のような(誇りに思う)ことに対して、鋭敏な感受性を持っている、ことを自ら意識しているだけに、彼等は人を怒らせるとか、不愉快にさせることを、極力避けようと気を遣うのである」

(ラザフォード・オールコック『大君の都』)

②「人のもてなし方をよく知っていて、人をとても楽な気分にさせてくれる」

(クララ・ホイットニー『日記』)

③「日本には、礼節によって生活を楽しいものにする、という普遍的な社会契約が存在する。誰もが多かれ少なかれ育ちが良いし、〝やかましい〟人、すなわち騒々しく、不作法だったり、しきりに何か要求するような人物は嫌われる」

(エドウィン・アーノルド『ヤポニカ』)

現代においても、そのような気質は健在なようで、多くの外国人論者が同様のことを指摘している。ルース・ジャーマン・白石は「世界中の人たちに誇りたい日本人の気質」として、「豊かな心をくれる駅の生け花」を挙げ(『日本人が世界に誇れる33のこと』)、「日本人が知らない、日本の本当の強み」として、「心地よさから信頼を築き上げる会話術」を挙げる(『やっぱりすごいよ、日本人』)。

石黒マリーローズは「気遣い・心配りに感動したこと」として、「思いやりや気遣いで、不安になった気持ちを落ち着かせてくれる」(『日本だから感じる88の幸せ』)と述べる。

C2「社会を快いものにするべく配慮する」は、C「思いやりがある」とC1「親切である」の具体化の一つであり、社会を安寧にし、人間関係をスムースにするために備えるものである。「社会を快いものにするべく配慮する」ことにより、それを達成するのである(以下のC群の徳目はすべてそうである)。

C2-1「公徳心がある」(公衆道徳)

これについての、明治末までの外国人の証言はない。現代においても、直接これに言及する外国人論者は少ない。しかし、町の街路が奇麗であるとか、試合後のスタジアムでのゴミの収集などで、少しずつ関心を集めつつあるようである。C2-1「公徳心がある」(公衆道徳)を体現する人物としては、乃木希典(雨に濡れた外套を着て電車に乗ったが、人から席を譲られても、礼を言いつつ、席に座ろうとはしなかった)がある。

思いやりによる態度や行為は、人々の日頃接する親類や隣近所の人たちばかりに向けられるのではない。全然知らない人々へも及ぶ。顔の見えない人たちへの思いやりである。それがいわゆる公衆道徳である。

中国は家族、宗族の結びつきが強い。そこでは、家族、宗族への思いやりはあるかもしれないが、それ以外への人々への思いやりはない。つまり、民族内人間間の思いやりは欠如している。そこには公衆道徳は発達しない。倉田信靖によれば、『論語』に「公徳」の文字がないし、漢字文化圏に公徳はない（『公徳の国・JAPAN』）。

日本では、宗族などというものはなく、家族ばかりでなく、広く民族社会全般にまで、思いやりの対象は広がる。それが歴史とともに習俗となり、礼儀となって広がっていく。

C3 「おもてなしをする」（サービス） 全2件

① 「私が知り合った役人や貴人たちも、一人として私らに、招かれざる客だと感じさせた人はいなかった。みな友情と礼節をもって歓迎してくれる人ばかりだった」

（ヘンリー・ヒュースケン『日記』）

② 「日本の宿屋に泊まるというのは……私たちイギリス人にとって楽しい経験だ。……宿に着くと、塵《ちり》一つ落ちていない部屋に案内される。その部屋の畳の上には、もう小さなお茶道具が置かれてあって、お茶の用意ができている。部屋の隅には枕と布団が揃えてある。食事が運ばれてくるのに10分とかからない。そのあとは風呂が待っている。彼はゆっくりと熱い湯に浸かる。湯から上がると、宿が用意した奇麗な柄の丹前を羽織って、その辺りをぶらぶら歩き、四方山話を楽しみ、煙草を吹かす。そうこうしているうちに夜になる。後は部屋に戻って寝るだけである。これこそ安楽というものである」

（ラドヤード・キプリング『旅の便り』）

この日本の「もてなし」ということは、２０２０年オリンピックの東京開催決定時のスピーチで、有名な仕草も相まって、世界的に有名になりすぎている。日本の数多くのテレビ番組で、外国人に聞いた、日本の素晴らしいところ、驚いたところのアンケートでは、「おもてなし」は必ず上位にランクインする。「おもてなし」の中身として、答えが出るのは、お土産文化、サービスが丁寧、ホテル・旅館の接客がよい、タクシーの自動ドア、おしぼり、温泉旅館のお茶と茶菓子などなど。

石黒マリーローズは「おもてなし」の中身として、「アルバイトであっても常に最高の接客でおもてなしをする」「温かいおしぼりは気配りに満ちた最高のおもてなし」「どこの店で食事をしても、お水やお茶がサービスで出される」「まるで女王のような気持ちになれるエレベーターガールの上品な接客」「一人ひとりに寄り添う丁寧な接客で、気持ちよく買い物できる」と、多くの事例を紹介している（『日本だから感じる88の幸せ』）。

C３「おもてなし」の言葉は世界中に広まっている。ただ、その精神とか中身となると、それほどでもないようだ。C３「おもてなし」が発揮される局面としては、自宅への客人の招待、食事接待、お茶への招待、観光案内、宿泊施設の提供などがある。ただ、日本人は外国人を自宅へ招待することには慣れていないし、国際化ということでは、このことは日本人として、これから訓練していかなければならないだろう。

C4 「弱者への敬意、労り、配慮」 全4件

①「比較的下級の者に対する支配は特に穏やかである。そして各々の特権はそれに応じて多くの義務を伴ってくるので、各人は自分の身分で満足である、と考えてしかるべき理由を感じているのである」（ヨーハン・フィッセル『日本風俗備考』）

②「上は武士から下は庶民に至るまで、礼儀正しく、弱い者を助ける美しい心、忠義と孝行が尊ばれる国、このような精神的民族をかつて見たことがない」（ニコライことイワン・カサートキン『日本』）

③「老人や盲人はまったくその子供たちから養われる。そして死ぬまで敬われ、孝養を尽くされる」（イザベラ・バード『日本における未踏の地』）

④「日本の上層部の人々は、下層の人々をとても大事に扱う。主人と召使いの間には、友好的で親密な関係が成り立っているけれども、これは西洋自由諸国の私たちの感覚からすると、まったく未知の関係と言っていい」（エドゥアルド・スエンソン『日本素描』）

上記4件はC4「弱者への敬意、労り、配慮」を表現している。この場合の弱者には部下、下位者、困難に落ち入っている人なども含まれる。それは現代においても同様である。ルース・ジャーマン・白石は「日本のビジネスはここがすごい！」として、「社員を犠牲にしない日本の経営」「〃会社は社員のためにある〃という考え方」を記している（『日本人が世界に誇れる33のこと』）。また、

マーチン・バローは東日本大震災の観察から、「日本から学ぶべき10項目」として、「⑦優しさ＝食堂は値段を下げ、ATMには警備がつくこともなく、そのまま使えるようにされた。弱者には、特に助けが差し伸べられた」を挙げている（ヘンリー・S・ストークス『世界に比類なき日本文化』）。

C4「弱者への敬意、労り、配慮」を体現する人物としては、上杉鷹山《ようざん》（日本初の社会福祉を実現した）、広瀬武夫（部下をかばい戦死した）、杉原千畝、樋口季一郎、根井三郎、小辻節三（ともにユダヤ難民の窮状を前にして、職を賭しても同難民を救出した）がいる。その他では、C4-3「海難漂流者の救助」、C4-4「敵国捕虜への同情、配慮」に記述する人物がそうであろう。諺としては、「人の難儀を救え」「窮鳥懐に入れば、猟師も殺さず」「人は落ち目が大事」「縁の下の力持ち」などがある。

C4-1 「判官贔屓《びいき》する」

これについての外国人の言及はない。明治末までの外国人による記録にも出ないし、それ以降現代に至るまで、言及はないようである。言及するにはあまりに複雑、細部な事象と映ったのかもしれないし、そこまで気付かなかった、というのが真相であろう。以降、しばらくはそういう徳目が続く。

外国人の観察がどうあろうとも、「判官贔屓する」という現象は厳然と存在する。それは、C4「弱者への敬意、労り、配慮」があるがために、実際に大活躍したのに、結果として敗者となった、悲劇のヒーローを称賛する、いわゆる「判官贔屓」が生ずる、と考えられる。

その対象の人物は、菅原道真（藤原時平の讒言《ざんげん》により太宰府へ左遷された）、源義経（平家討伐に大活躍したのに、実の兄・源頼朝により弾圧された）、楠木正成（忠臣にもかかわらず、戦略に無理解な貴族によって犬死にさせられた）、真田幸村（大坂の陣で大活躍する武勇に優れた者であったが、時代は身方せず命を落とす）、赤穂四十七士（主君の敵を討った忠臣にもかかわらず、幕府からは社会騒乱の罪で断罪された）、吉田松陰（倒幕の志士を数多く育て上げたにもかかわらず、自らの挙動の荒さにより斬首された）、西郷隆盛（江戸幕府を倒した最大功労者にかかわらず、反乱軍首謀者として圧殺された）、山本五十六（太平洋戦争不可を訴えたにもかかわらず、戦争遂行者に担ぎ出され戦死した）などである。

C4-2 「部下を可愛がる」

武家の場合、C4「弱者への敬意、労り、配慮」の実践は、部下への労り、配慮となって現れる。これを記している武家の家訓は多い。細川勝元「君慎」、朝倉教景「朝倉宗滴話記」、武田信繁「武田信繁家訓」、黒田長政「定書之事」などである。

商家の場合、下位者への労り、配慮となって現れる。二代目中村治兵衛（五個荘）家訓の「奉公人への配慮」、本間光丘（出羽酒田）家訓の「小作人を優遇」、住友総手代勤方心得の「丁稚を大切に」、二世山中兵右衛門（近江日野）家訓の「奉公人に対し、温情を施すこと」、岩崎家（土佐、三菱）家訓の「部下への配慮」など。

いつから、どういう状況から、「部下を可愛がる」ようになったのであろうか。谷沢永一によれば、次のとおりである。貴族社会では、上級貴族が下級官僚を苛《いじ》めるのが常態になっていた。「罷免」「左遷」を振りかざしていた。それは『今昔物語』を読めば、分かる。部下を可愛がるようになったのは武家社会においてであった。武家階級の台頭の頃からそれが現れ、そのことは『平家物語』『源平盛衰記』から分かる（『歴史通』）。

「一所懸命」とは土地に命をかけて、子々孫々に土地を残し、家名の存続を図ることである。ゆえに平素から家臣、家の子、郎党を信服させ、一朝事あるときには、主君の前で身をもって矢を受け止める、ぐらいの覚悟を持つ家臣団を、養成しておかなければならなかった。部下亡き後は、その子、子がなければ養子を迎えてでも、部下の土地を存続させてやる、という温情を示す。ここに「御恩」と「奉公」が成立する。江戸時代、百姓一揆があれば、それを起こさせた藩主、家老、代官が悪い、という発想が定着していた（同上）。

現代企業において、C4-2「部下を可愛がる」はどのように現れているのであろうか。このことを解明した一人に天沼香がいる。天沼香によれば、従業員のG3-2「頑張る」に対して、企業は「思いやり」で応えている、と言う。具体的には、従業員の企業への忠誠心、滅私奉公、愛社精神に対して、企業は従業員に対して、終身雇用、年功序列、定期昇給で応えるのである（『日本人はなぜ頑張るのか』）。

C4-2a 「軍隊内でのいびり？」

日本人は基本的にはあらゆるところで、C4「弱者への敬意、労り、配慮」を表すのだが、一つだけそれが見られないところがある。それは旧日本軍隊における上官と部下の関係である。敬礼の仕方がまずい、気合いが入っていない、さまざまな難癖をつけて、上官は部下を殴る、蹴るを繰り返す。少尉以上のクラスではそういうことはなかったろうが、新入兵が接するクラスの軍人間でごく自然のように見られた。これはC4-2「部下を可愛がる」の反証となっている。

この日本軍隊内でのいびりをどう解釈すべきか。いまだに合点する説明に出会わないが、現時点で比較的しっくりするのは会田雄次の説明である。「この愚劣極まる行きすぎの最大の原因は、日本人の奴隷根性から出ている」。「自信がないから、（上官は）バカにされたと思うのだ。至るところに過大な敬意を要求するのは、自信不足から来ている」。「奴隷根性から来ている人には自信がない、個性がない。それでいて、個性的なものを求めている」（『極限状況の日本人』）。しかし、これだと日本人は奴隷根性の持ち主となる。そうとは思えないが……。

C4-3 「海難漂流者の救助」

C4「弱者への敬意、労り、配慮」が現れる、もう一つは直接弱者の生命を助けるということである。それは海難漂流者の救助である。日本は島国であり、度々外国船が日本近海に近づくが、暴風雨などで遭難して、乗組員が漂着することがある。例えば、サン・フェリペ号（スペイン、土佐、

1596年)、リーフデ号(イギリス、アダムズ、ヤン・ヨーステン、豊後、1600年)、サン・フランシスコ号(メキシコ、ドン・ロドリゴ、房総、1609年)、ディアーナ号(ロシア、プチャーチン、マホフ、下田、1854年)、ロベルトソン号(ドイツ、宮古島、1873年)、エルトゥール号救出(トルコ、和歌山、1890年)などであり、いずれも近くの漁師などが救助している。

ペリーが日本に来た頃、ペリーに負けじと下田にやってきたロシアのプチャーチン一行だが、津波に遭って、乗ってきた船が撃破し、帰れなくなった。そのとき、日本は代わりの船を建造し、それを与えて、無事帰国させている(1854年)。そのときプチャーチンに同行したマホフが記した記録はC①に記されている。

ここで思い出すのが、その230年ほど前の上記のドン・ロドリゴ一行の帰りである。徳川家康はその外交顧問となっていたアダムズに命じて、日本人大工を駆使して南蛮船並みの、外航できる大型船を作らせ、それにドン・ロドリゴ一行を乗せて、メキシコまで送り届けている。この場合は、C4「弱者への敬意、労り、配慮」から発する行為であるとともに、南蛮船並みの船を作るという技術革新への挑戦でもあった。さらにはスペインとの通商の可能性を探るという意味もあった。その翌年には、ドン・ロドリゴ一行の送り届けの返礼として、メキシコからセバスティアン・ビスカイノが来日し、そのビスカイノが伊達正宗の要請によって、大型船を建造している。それに乗ってローマへ向けて出発したのが、伊達政宗による支倉常長使節団であった。しかし、その後の鎖国によって、大型船建造技術も西洋との通商もまったく無に帰してしまった。

また、これとは状況が異なるが、海戦中に敵艦が沈没し、海に漂流している敵水兵を、沈まなかった日本の艦船水兵が助けた例もある。日露戦争時、イルティッシュ号投降事件があり、同号の乗員235人を助けている（1905年）。第二次大戦中のスラバヤ沖海戦で、工藤俊作艦長の駆逐艦雷が海に漂流するイギリス422人を救出した（1942年）。

C4-4 「敵国捕虜への同情、配慮」 全1件

①「我々が通過した村々では、隊長も村民も、概して我々に親切にしてくれた。……誰一人として我々に侮辱を加えたり、嘲笑したりする者はなく、みんなおよそ同情の眼差しで見、中には心から憐憫《れんびん》の情を浮かべる者もあり、殊に女たちにそれが多かった」

（ワシーリイ・ゴロウニン『手記』）

江戸時代後期、北海道を中心に、ロシアと日本との接触があった中、日本側に捕らわれたロシア人ゴロウニンが囚われの身であるときに、そのときの様子を綴った中に、日本人の態度が記されている。親切にしてくれ、同情の目、憐憫の情が分かった、と言う。

この徳目はあまりに特殊的過ぎると見なされるかもしれないが、本書で言う敵対型文明の国民と温和型文明の国民がそれぞれそれを敵として戦った後、相手国の捕虜になった場合、その扱われ方に大きな違いが現れるのである。それがまさに文明の差である。

相手国が戦いに勝って、日本人兵士を収容所に収容した場合、第二次大戦後のイギリスによる収容所の模様は、会田雄次『アーロン収容所』に明らかである。同じく第二次大戦後のソ連によるシベリア収容所の状況については、前野茂『生ける屍』（新装版『ソ連獄窓十一年』）に詳しい。いずれにおいても、相手国への憎しみと蔑みが渦巻いているし、捕虜を人間扱いしない、刑罰として処する、という戦勝国の勝ち誇った尊大さが見える。ただ、イギリスとソ連では、前者は比較的穏やかでオープンなところはあるが、後者は過酷そのもので、まさに地獄である。その差はアングロ・サクソン人とロシア人の民族性の差である。

それに対して、日本が戦いに勝って、相手国兵士を収容所に収容した場合、手記として残ったものには、ゴロウニン『手記』がある。手記はないものの、事実として確認されるものとして、日露戦争直後の乃木希典とアナトーリィ・ステッセリとの会談や日本各地でのロシア兵捕虜の扱いが知られている。いずれも相手の人間性を認めて、辱めを感じさせないように、配慮したものであった。そのような扱いの極めつけは、第一次大戦後のドイツ兵捕虜の待遇であった。徳島の板東捕虜収容所長の松江豊寿中佐による人道性溢れる捕虜の取扱いは映画にもなった（『バルトの楽園』）。当所でベートーヴェン第九交響曲の日本での初演奏が行われ、日本に広まる契機になったのである。

C4-3「海難漂流者の救助」最後での敵艦漂流民の救出や、C4-4「敵国捕虜への同情、配慮」での捕虜収容所での厚遇などは、敵対型文明国ではありえないことである。こういうことができるのが温和型文明国ならではのことである。こういう敵国人をも受け入れる態度を、「敵を受け入れて共生する社会」と名付けたのは呉善花である（『日本人を冒険する』）。

C5 「子供を可愛がる」（子供天国） 全6件

① 「この国ではどこでも、子供を鞭打つことはほとんどない。子供に対する禁止や不平の言葉は滅多に聞かれないし、家庭でも船でも子供を打つ、叩く、殴る、といったことはほとんどなかった」　（カール・ツンベルク『旅行記』）

② 「いろいろな事柄の中で、外国人の筆者たちが一人残らず一致することがある。それは日本が子供たちの天国だ、ということである。この国の子供たちは親切に取り扱われるばかりでなく、他のいずれの国の子供たちよりも、多くの自由を持ち、その自由を濫用《らんよう》することはより少なく、気持ちのよい経験の、より多くの変化を持っている」（エドワード・モース『日本その日その日』）

③ 「私はこれほど自分の子供を可愛がる人々を見たことがない」「子供がいないと、いつもつまらなそうである」　（イザベラ・バード『日本における未踏の地』）

④ 「まるで庭の樹や草花の天然の素質を伸ばすために、栽培に際して示される丹誠と同じような、心配りが子供の躾《しつけ》の際にも示される」　（ラフカディオ・ハーン「日本人の微笑み」）

上記から、日本は子供天国である、ことが分かる。それはC5「子供を可愛がる」から生じた現象である。それは今まで見たA4「子供が父母を尊敬する」（躾ができている）に対応するものである。

敵対型文明の西洋では、男女の成人が結婚することによって、家庭が生まれる。その後に生まれる子供は成人になるまでは一人前とは言えず、家庭は親中心であって、子供は親とは別の部屋で寝起きする。そして、性悪説の下、何もしなければ悪行、非行、不作法になりかねない子供を、親は体罰、折檻《せっかん》により、有無を言わせず、あるべき姿に躾《しつ》ける。ここでは、親は支配者で、子供は被支配者である。子供は親に絶対服従を要求される。その有様を竹山道雄は「仮借ない躾《しつけ》によって、ジャングルの野蛮人を文明人へと教育する」と表現した（『続・ヨーロッパの旅』）。

日本では、大家族制度の下、父親の権威が高く、女性が家に入る。生まれた子供は親と対等と言えないまでも家族の一員であり、子供は親と同じ部屋で寝起きする。そして、性善説の下、親は先祖の勇敢な話をしたり、昔話をしたりして言い聞かせながら、子供を叱るとか、殴るとかせずに、伸び伸びと育てる。それでいて反抗者やひねくれ者を出すことはなかった。これについては、C－2「〝甘え〟を上手に使う」や、H3「名誉・誇りを伝承する」やJ「教育で人格を養う」（修養、教養）が関係している、と思われる。ともかくもA4「子供が父母を尊敬する」（躾《しつけ》ができている）で確認したことの裏の現象と言えよう。

C5－a 「子供を甘やかし過ぎる？」

C5「子供を可愛がる」に対しては、明治の末までの外国人の観察には、それへの批判は出ていなかったが、戦後すぐにその批判が登場する。それは『菊と刀』で有名なルース・ベネディクトによる批判である。批判の要点は、欧米の子供教育法が正しく、日本はそれとは180度離れている、躾《しつけ》というものをまるで何もしていない、というものであった。

その部分を引用する。つまり、「日本人は子供を徹底的に甘やかせて育てる」「西洋人は子供に対して躾が厳しく、体罰を与えたり、食事なども大人とは別に与えるなど、厳格である」「赤ん坊が泣くと、日本人の母親ならすぐ抱いて、お乳を与えて、泣き止まそうとするが、西洋人は決まった時間にしか、乳は与えないで、泣いたままで放っておく」。

ベネディクトは太平洋戦争中捕虜になった日本兵にインタビューするなど、日本人に直に接して、日本人の生態を直接観察したが、今までの外国人による日本についての記録、報告、著書などはあまり読んでいないようだ。本書のA4「子供が父母を尊敬する」（躾ができている）やC5「子供を可愛がる」で掲載した外国人の観察をどう思っているのであろうか。それらが分かっておれば、このような批判は出ることがないのだ。

ただ、こうしたベネディクト批判も有効かもしれない、と思い直すことになるのが、日本の戦後の教育の混乱と、若者を中心とした人たちの道徳性の低下問題である。江戸時代から昭和戦前までの時代では、家族制度の下、父親の権威が高く、教育勅語や修身教育が行われていて、何等問題はなかった。しかし、戦後家族制度や父親の権威が崩れ、教育勅語や修身教育もなくなると、道徳低下が著しくなる。こういう状況下ではベネディクトが唱える、西洋流の厳しい躾教育が必要ではないのか。それが我々に突きつけられている。これについては終章でもう一度考える。

C6 「自己の利益よりも公（他人の利益）を優先する」

ここからは外国人が記述しなかった、あるいは気がつかなかった事象について記述する。まず最初は「自己の利益よりも公（他人の利益）を優先する」である。現代では、これに気付いている外国人はいる。例えば、ルース・ジャーマン・白石は「世界中の人たちに誇りたい日本人の気質」として、「〝自分さえよければよい〟という考えを嫌う」と表現している（『日本人が世界に誇れる33のこと』）。石黒マリーローズは「災害が起きたときには互いを思いやり、優しさの輪を繋いでいく」と表現している（『日本だから感じる88の幸せ』）。

特に、災害や戦争などが起こったとき、先ず自己の生命の確保をするのは当然である。その次にはその持続のために、少ない食料、破壊された住居施設のもと、どうすべきかとなるが、それは文明によって態度が異なる。そのことを如実に証明したのが、２０１１年の東日本大震災であった。そうした場合、敵対型文明の国では、それらの地域の人々のほとんどが略奪や暴動に走るのであるが、温和型文明の日本では助け合いに動いたのである。それが「自己の利益よりも公（他人の利益）を優先する」行動である。ただ、これはこういうことも一部ではした、ということであって、すべての場合にこの行為をするわけではない。

日本には、行基―空也―重源―叡尊―忍性へと続く民間社会福祉の伝統がある。奈良時代の行基は、自分の利を図る前に、他人の利を図る、という大乗仏教の教えを広めた、と言われている。空也は「彼を先とし、我を後とする、の思いをもって思いとなし、他を利し、己を忘るるの情《こころ》をもって情となす」を実践した。

C6「自己の利益よりも公（他人の利益）を優先する」に関する諺・名言としては、「君子は義をもって利となす。小人は利を知って義を知らず」（山鹿素行）があり、その影響であろうか、『金言童子教』には、「義を行いてもって利とせよ、利をもっと利とせざれ」が載っている。

日本歴史上、このことを最初に文書化したのは、角倉素庵の「舟中規約」（1600年頃）であろう。ここに書かれた趣旨は次のとおりである。すなわち、貿易の事業は相手に損失を与えて自分の利益を図るものではない。利益をともにすることがなければ、得るところは小さい。利益とは道義と一体のものである。ここに売る側と買う側の「均等な配分」「共益の精神」「相手側への利益供与と配慮・敬意の精神」がある。

以降に現れる商家の家訓にも、このような精神を引き継いで、それを規定しているものが多い。播磨の伊藤家家訓には、「自分のことについては倹約を守り、他人に対しては、恵の心を持って、施すように」があり、近江八幡には「先義後利」を家訓に掲げる商家が多い。自分の利益よりも公の義を優先する、という意味である。大丸や城南信用金庫も社是は「先義後利」であるが、出典とするところは違う（前者は『荀子』、後者は『孟子』）。

C6-1 「自己の優位を示さない」

C6「自己の利益よりも公（他人の利益）を優先する」とすれば、他人よりも自己が優位に立ったとき、どういう行動に出るのであろうか。自己より他人を優先させたい思いやりからは、自己が一歩引いて他人を優先させることになるだろう。それがC6-1「自己の優位を示さない」である。

ルース・ジャーマン・白石はこのことを、「日本人が知らない、日本の本当の強み」として、「ガッツポーズを見せない思いやり」と表現している（『やっぱりすごいよ、日本人』）。自己の優位を示すと、自分が高く、他の人は低いことになり、他の人を傷つけることになる。そこには他者への思いやりがある。A10「謙譲である」の心とも言える。

C6-2 「自己だけが良い目をしない」

このことを指摘したのは現代人の二人である。マーチン・バローは、東日本大震災のとき避難している日本人の様子を見て、「人々は必要な物だけを購入した。買い占めることなく、そのためすべての人が必要な物を手にすることができた」として、そこに「気品」があるとした。それは世界が「日本から学ぶべき10項目」のうちの一つである、と言う（ヘンリー・S・ストークス『世界に比類なき日本文化』）。

また、ルース・ジャーマン・白石は「世界中の人たちに誇りたい日本人の気質」として、「〃自分さえよければばいい〃という考えを嫌う」を挙げている（『日本人が世界に誇れる33のこと』）。

この「自己だけが良い目をする」は、明らかにC6「自己の利益よりも公（他人の利益）を優先する」の精神に反する。C6「自己の利益よりも公（他人の利益）を優先する」の精神でいるならば、せめて他人とは同等であるべきだ、となる。となれば、横並び主義、平等主義にも連なる。あるいは、他人が競争している相手ならば、それらの競争相手とともに共存していこう、となる。これは「共生」の思想である。

C6-3 「自己犠牲となる」

マーチン・バローは同じく東日本大震災の観察から、「日本から学ぶべき10項目」のうちの一つとして、「犠牲的行為」を挙げる。その心は「福島第一原発で事故が起きたときに、50名の作業員が海水を注入するために、逃げずにその場で作業を続けた。彼等の犠牲的行為（に）は、どう報いてあげられるだろうか」である（ヘンリー・S・ストークス『世界に比類なき日本文化』）。

C6-3「自己犠牲」を体現する人物としては、弟橘姫（夫日本武尊のために自分が生け贄《にえ》となって海神を鎮める）、菅原道真（自己の左遷が藤原氏の陰謀によることは分かっているが、国家安泰のためには自己は言挙げせず、黙って従う）、楠木正成（絶対勝てる自己の戦略を貴族たちが採用しなかったので、自己が犠牲となって、貴族の考えの間違っていることを示す）、前野良沢（実質『解体新書』を翻訳主導したが、名目を杉田玄白に譲って、自分は学問で生きる）、太平洋戦争での神風特攻隊員（国家を救うために自分の命を捧げる）を挙げることができる。

C7「布施、寄付、陰徳する」

Ｃ７「布施、寄付、陰徳」を体現する人物としては、鈴木今右衛門（羽前鶴岡の人、大飢饉のとき、自己の金、米、麦を提供、田畑、家財道具を売却して、饑餓対策資金にした）、布田保之助《ふたやすのすけ》（肥後の人、石造りの水道橋を作り、水の出ない自己の村に水を引いた）、大塩平八郎（天保の大飢饉のとき、蔵書5万冊を売却、その資金で民衆の救済に当たった）、瓜生《うりゅう》岩子（陸奥喜多方の人、会津藩難民や孤児の面倒を見た、孤児などの教育を行った）、清水次郎長（誰も手をつけなかった戊辰戦争による遺体多数の収容、埋葬を行った）、濱口梧陵《ごりょう》（自費で津波対策、堤防建設を行った）がある。

明治以降としては、大久保利通（奨学金設置）、大山捨松（チャリティ企画、ボランティア活動）、住友吉左衛門（大阪中之島図書館建設、徳大寺家蔵書、住友家蔵書の寄贈→住友文庫）、岩本栄之助（大阪中央公会堂資金寄付）、安田善次郎（東京大学安田講堂、日比谷公会堂資金の寄付）、金原明善（川の治水、護岸工事、上流に植林を行う）、本多静六（奨学金設置）、高峯譲吉（ワシントンＤＣの桜並木）、太原孫三郎（太原美術館、太原社会問題研究所、倉紡中央病院など）、野村胡堂（著書→胡堂文庫、蔵書→銭形記念図書館、レコード→東京都、武鑑→東大史料編纂所）、澤田美喜（エリザベス・サンダース・ホーム新設、経営）、松下幸之助（浅草雷門、梅田陸橋、心斎橋アーケード、慶応大学工学部への寄付）など。

個々の内容を特定できぬくらい多くのＣ７「布施、寄付、陰徳」をした人としては、賀川豊彦と渋沢栄一を忘れることはできないだろう。また、近江商人については、個々の誰々とか、個々のどの行為とか、特定記述できぬくらい、陰徳を実践していたことは、よく知られている。

C7「布施、寄付、陰徳」を表す諺・名言も多い。「陰徳あれば陽報あり」「施恩は報を望まず、人に与えておうて悔ゆることなかれ」（道元）、「陰徳は耳の鳴るがごとし、我のみ知りて人知らず」（貝原益軒）、「施して報を願わず、受けて恩を忘れず」（中根東理）など。

『童子教』には、次の言葉が見える。すなわち、「それ積善の家には、必ず余慶あり。また好悪のところには、必ず余殃《よおう》あり。人にして陰徳あれば、必ず陽報あり。人にして陰行あれば、必ず照明あり」。

商家の家訓にもこれを記したものがある。初代中井源左衛門（近江日野）の家訓には「陰徳を積み、善事を行いながら、神仏に祈るしかない」とあり、本間光丘（出羽酒田）の家訓には「陰徳」「慈善を旨とし、陰徳を重んずること」があり、伊藤長次郎（播磨）の家訓には、「お寺とお布施」「他人への施し」「始末と施心」の規定がある。

C7-1「慈善事業、公共事業、社会全体の事業」

C7「布施、寄付、陰徳」の系というべきものに、C7-1「慈善事業、公共事業、社会全体の事業」がある。C7の行いは基本的に私的な行いであったが、それを公の事業として行うことである。それは昔から、ほとんど政府ではなく、民間の事業であったが、事業の対象が庶民全体であったため、公の事業と言えよう。

C7―1「慈善事業、公共事業、社会全体の事業」を体現する人物としては、江戸時代まででは、光明皇后（悲田院、施薬院の設置）、行基（橋、港、堤防、溜め池などの建設）、空海（貯水池造成、灌漑、雨乞い、土木工事監督、医療、学校、寺院の建設）、空也（道や橋の整備、野ざらしの遺体の火葬）、重源（湯屋の設置、架橋、死刑囚の減刑）、叡尊（非人、乞食、癩《らい》病《びょう》者、囚獄人の救済）、忍性（悲田院、薬湯療の設置、棄児、非人、病者の救済）、禅海和尚（青の洞門トンネル掘削）などがある。

これを掲げた商家の家訓としては、本間光丘（酒田）の家訓に「公益活動」があり、土倉庄三郎（奈良）の家訓にも「公共慈善の事業に対しては決して人後に落ちるなかれ」がある。岩崎家（土佐、三菱）の家訓には、「公に尽くす」とあり、伊藤家（名古屋）の家訓には「儲けて公共のために支出することが当たり前とする〝徳〟を積むことが必要である」とある。茂木啓三郎（下総）の家訓には、「私費を割いて、公共事業に取り組め。しかし、身分不相応のことをしてはならない」とある。

D　礼儀正しさ

D「礼儀正しい」　全27件

①「人々はいずれも色白く、極めて礼儀正しい。一般庶民や労働者でも、その社会では驚嘆すべ

き礼節をもって上品に育てられ、あたかも宮廷の使用人のように見受けられる。この点においては、東洋の他の諸民族のみならず、我々西洋人よりも優れている」

（アレッサンドロ・ヴァリニャーノ『日本要録』）

②「一般的に女の性質は従順で、信仰心深く、男が残忍なのと対照的である。また、彼女等は大変礼儀正しく、私がこれまで会ったどこの国の人々よりも欠点がない」

（アヴィラ・ヒロン『日本王国記』）

③「世界中のいかなる国民でも、礼儀という点で日本人に勝るものはない。のみならず彼等の行状は、身分の低い百姓から、最も身分の高い大名に至るまで、大変礼儀正しいので、我々は国全体を〝礼儀作法を教える高等学校〟、と呼んでもよかろう」

（エンゲルベルト・ケンペル『日本史』）

④「日本人は礼儀正しい国民でもある。彼等は子どものときから、礼儀を叩き込まれ、それに少しでも外れると、非常に厳しい目で睨《にら》まれる。口の利き方や顔の表情、行動なんか、最下層の人々でも、きちんとした礼儀が求められる」

（エドゥアルド・スエンソン『日本素描』）

⑤「日本には、礼節によって生活を楽しいものにする、という普遍的な社会契約が存在する。誰もが多かれ少なかれ育ちが良いし、〝やかましい〟人、すなわち騒々しく、不作法だったり、しきりに何か要求するような人物は嫌われる」

（エドウィン・アーノルド『ヤポニカ』）

上記の中では、③のケンペル発言「礼儀作法を教える高等学校」は有名である。外国人の証言としては、上記の他に、ルイス・フロイス、アレッサンドロ・ヴァリニャーノ（2発言）、ウィリアム・アダムズ、アーサー・ハッチ、エンゲルベルト・ケンペル、カール・ツンベルク、ニコライ・レザノフ、フィリップ・シーボルト（2発言）、マシュー・ペリー、ラザフォード・オールコック、ロバート・フォーチュン、ニコライことイワン・カサートキン、アルフレ・ルーサン、エドワード・クラーク、バジル・チェンバレン、エルヴィン・ベルツ、エドワード・モース、イザベラ・バード（2発言）、ラフカディオ・ハーンがある。来日外国人のほとんどが日本人の礼儀正しさを認めていたのである。

D「礼儀正しい」の記述はなんと27にも上る。文献をもっと正確に探っていけば、それより以上の数に上るものと思われる。時代的には戦国時代から明治時代まで、間断なく指摘されている。時代の経過にかかわらず、「礼儀正しい」は変わらないということである。ほとんどの報告者が記述するほど、日本人はD「礼儀正しい」と見なされていた、のである。

礼儀の形態別記述としては、ツンベルク、シーボルトは茶屋や宿屋で喧嘩や酔っ払いを見たことがないと語り、ペリーは幕府の対応が「慇懃《いんぎん》なる」「鄭重《ていちょう》なる」と形容している。モースは船頭の行儀よさを指摘しているし、ハーンは水夫のおとなしさを記している。

礼儀良いことの国民への浸透度については、ベルツは「行儀のよさが骨の髄まで染み込んでいる」としているし、モースは「恵まれた階級の人々ばかりでなく、最も貧しい人々も持っている特質である」とする。礼儀良いことの意味としては、モースは「礼儀正しさ」と「他人の感情についての思いやり」を並列させ、同義とも見なしているようだ。ハーンは「他人に対する細かな思いやりと意志的な自己抑制」の表現と見る。キャサリン・サンソムはその効果として、「他人との交際において利己的にならない」としている。

現代においても、この礼儀正しさは世界的に認識されている。日本の素晴らしいことは何か、驚いたことは何か、のアンケートで、礼儀正しいことは必ず上位にランクインする。お辞儀するとか、スポーツ観戦後掃除するとか、ホテルでの過ごし方が優雅であるとか、が評価されるようである。また、ホテルマンによる観光客の評判ランキングでは、日本はここ数年世界一、ということである。その理由としては、行儀が良い、施設を奇麗に使う、静かである、ホテルに文句を言わない、などとのこと。

D「礼儀正しい」は前節と同様、A「温厚・温和である」とA5「相手のことを察する」ことによって可能となるものだろう。さらにはC「思いやりがある」の別表現でもあるだろう。D「礼儀正しい」を体現する人物と言えば、細井平洲（礼儀など良い習慣は幼いときから身につけるべき、と考えた）、高崎正風（御菜《おさい》が不味いと言って食べずにいて、母親から叱られたことをきっかけに、行儀よい人になった）が思い浮かぶ。諺・名言にも事欠かない。「親しき仲にも礼儀あり」「礼儀を知っている者は一生禍に遭うことはない」（『金言童子教』）「礼儀を知らない者は常に怨みを買ってしまう」（同上）「礼儀を身につけていないのは、人間の作法ではなく、それでは鳥や獣と同じである」（貝原益軒『和俗童子訓』）などなど。

武家の家訓としては、朝倉宗滴話記の「慇懃の徳」があり、商家の家訓では、小川家（名古屋）水口屋店方定書の「丁稚も礼儀正しく」、外村與左衛門家（近江五個荘）心得書の「取引先や懇意な先では礼儀正しくすること」、西川甚五郎家（近江八幡）家訓の「礼節を守る」などがある。

D「礼儀正しい」の思想的、宗教的基盤としては、仏教においては特別な規定はないようである。儒教においては、「五常」のうちの「礼」（社会規範、人を敬う作法）が当たる。思想家の中で礼儀を力説したのは、「十七条憲法」第４条「もろもろの官吏は礼法を根本とせよ。そもそも人民を治める根本は、必ず礼法にあるからである。上の人々に礼法がなければ、下の民衆は秩序が保たれないで、乱れることになる」、貝原益軒「礼は心の慎みありて、人を敬うを本とし」「その心真実にして、飾り偽りなきを言う」、石門心学では、「礼儀だてこそ可笑しうござる。伊達のないの礼であろう」（手島堵庵）、「虚崇《そらあがめ》というてほどに、過ぎて崇めるもまた礼に欠ける」（中沢道二）などがある。

D-a 「偽りの微笑みで儀礼を行う？」

① 「我々の間では礼節は落ち着いた、厳粛な顔で行われる。日本人はいつも間違いなく偽りの微笑みで行う」（ルイス・フロイス『日本覚書』）

これはD「礼儀正しい」の反証となるものである。これについては、礼儀についての東西の慣習の差を認めなければならない。西洋においては、礼儀中では微笑んではいけないが、日本では微笑んでもよいのである。これは習俗の差であって、日本において、微笑んでいるから、礼儀正しくない、と言えないのである。

D1 「気持ちよく挨拶する」 3件

① 「通りがかりに休もうとする外国人は、ほとんど例外なく歓待され、〝おはよう〟という気持ちよい挨拶を受けた。この挨拶は道で会う人、野良で働く人、あるいは村民からたえず受けるものだった」 （ジョン・ブラック『ヤング・ジャパン』）

② 「日本人の挨拶は心底から生ずる礼儀であり、……日本人の真の親切心に根ざすものである」 （バジル・チェンバレン『日本事物誌』）

③ 「かくも難儀な仕事をしているにもかかわらず、この人たちは常に上機嫌で、気持ちのよい挨拶をしてくれた」 （グスタフ・クライトナー『東洋紀行』）

D「礼儀正しい」の具体例がD1「気持ちよく挨拶する」である。D「礼儀正しい」とD1「気持ちよく挨拶する」とで、日本人が礼儀正しい生活を送っていたし、今も送っていることが分かる。

D2 「ルールを守る」

これに関しては、明治末までの外国人の証言はない。ただ、江戸時代にルールを守っていなかったのではなく、秩序がよかったことの方に目が行っていたに過ぎない。それにルールを守るということは現代的な意識であるからである。

日本の素晴らしいことは何か、日本に来て驚いたことは何か、の問いに、来日外国人の多くが答えるのが、ルールを守るということである。アンケートでは常に上位に登場する。その理由としては、列車とか食堂に整列して順番を守る、横入りする者がほとんどいない、長時間渋滞してもクラクションを鳴らす者はいなかった、信号が赤なので、車がなくとも渡らない、などが挙げられる。

マーチン・バローは東日本大震災の見聞から、「日本から学ぶべき10項目」の一つとして、「整然と列を作って、水や食料が渡されるのを待った。罵詈雑言《ばりぞうごん》や、奪い合いは一切なかった」と記して、それを「尊厳」と名付けた（ヘンリー・S・ストークス『世界に比類なき日本文化』）。また、ルース・ジャーマン・白石は「世界中の人たちに誇りたい日本人の気質」として、「クラクションの鳴らない日本」を挙げている（『日本人が世界に誇れる33のこと』）。

D「礼儀正しい」の系としてD2「ルールを守る」が来るのは当然である。ただ、D2「ルールを守る」の原因としては、他にG6「秩序立っている」（社会的従順さ）もあると考えられる。

第3章　正直・善良

E　正直

E　「正直である」（嘘をつかない）　全5件

①「この国の女は世界で最も正直で、貞節であるから、結婚すると完全に信頼できる。もし信頼を裏切るようなことがあれば、彼女等は死をもって償う」

（アヴィラ・ヒロン『日本王国記』）

②「日本人は嘘をついたり、物を盗んだり強奪することに、嫌悪感を持っている。この点において、日本人は中国人と著しく異なっている」

（フリードリッヒ・リュードルフ『日本における8カ月』）

③「日本人は狡智《こうち》や計算高さ、商売のうまさに関しては、中国人の足下にも及ばない。でも日本人はこうした性質の不足を、正直と率直、そして疲れを知らぬ我慢強さで補っていた」

（エドゥアルド・スエンソン『日本素描』）

④「私の外套をクリーニングするため持って行った召使いは、間もなくポケットの一つに小銭若干が入っていたのに気がついて、それを持って来た」（エドワード・モース『日本その日その日』）

上記はE「正直である」（嘘をつかない）についての証言である。省略証言はモースである。このE「正直である」（嘘をつかない）という性質も序章で規定する温和型文明に基づくものであり、A「温厚・温和である」、A2「トラブルを回避する」やC「思いやりがある」、D「礼儀正しい」に繋がるものと考えられる。C、Dは二者間の道徳であったが、E、Fは本人の道徳そのものである。道徳の主体本人の基本として正直が位置している。

正直の意味と用法は二つある。一つは①「嘘をつかない」ということであり、あと一つは②「善良である」と同意味である。そこでこの二つの関係を考えてみるに、①「嘘をつかない」性質が②「善良である」に繋がった、と解釈できる。つまり①「嘘をつかない」とは、これは事実だと心に思ったことを、そのまま事実だと表現し、これは善いと心に思ったことを、そのまま善いことだと表現し、それを態度と行為に表すことである。本節では、もっぱら前者の意味として考察することとし、後者の善良については、次節F「善良である」で考察することとする。

正直を体現する人物としては、松平信綱（破った障子のことを正直に報告した）がある。正直に関する諺・名言は数多い。正直には①と②の意味があり、その区分けは難しいので、「正直」と「嘘をつかない」の例を掲げることにする。「正直」の例としては、「正直は一生の宝」「正直の儲けは身につく」「正直は最善の策」「正直な人の側にいよ」「神は正直の頭に宿る」（『義経記』）がある。「嘘をつかない」の例としては、「嘘つきは泥棒の始まり」「人は長生きせんと思わば、嘘を言うべからず」（夢窓疎石）、「武勇を心がける者は嘘をつかない」（朝倉宗滴）、「どのような嘘もついてはならない」（手島堵庵）などなど。

武家の家訓では、北条早雲「二十一箇条」に正直のことはよく出てくる。その中では、「身分の上下にかかわらず、人々に対しては、一言半句といえども、嘘をついてはならない」がピカイチだろう。朝倉宗滴話記では、「人柄のいかんにかかわらず、武勇を重んずる者は、何よりも嘘をつかぬことが大切である。普段から少しもいい加減なことはせず、義理堅く、恥を知ることが根本である」とある。このように武家の家訓では、正直は嘘をつかない意味で使われている。

これに対して、商家の家訓では、少し事情が異なる。白木屋（江戸）寛文家法では、「万事につけて、よからぬ振る舞いのないよう、各人我が儘を抑え、正直に勤め、偽りをせぬこと」のように、嘘をつかずを含めた善良の意味にも用いられている。外村與左衛門（近江五個荘）の家訓では「正直を旨として精進すること」とあり、下村家（京都）の家訓でも「律儀・正直」とあり、これも同様と思われる。

E「正直である」（嘘をつかない）の思想的、宗教的根拠は、仏教では「五戒」のうちの「不妄語《ふもうご》」であり、儒教ではこれといった特別な規定はない。思想家にも正直を力説した者は多い。そもそも日本の古代人の抱いた唯一の徳目が正直であった。その当時は「清き明き心」「清明心」と言われていた。その心を言えば、他者に隠し立てをしない、後ろ暗くない、他者を欺いたり、偽ったりすることを暗き穢《きた》き心（黒心、濁心、邪心）と見なし、ひたすら心情の純粋さ、無私性の追求として、求められる。このような「清き明き心」「清明心」は神道のただ一つの教えとも言うべきもので、それは中世には「正直」となり、近世においては「誠」となっていった。「正直」を力説した思想家には、北畠親房と石田梅岩がいる。

日下公人によると、日本は嘘つきを社会から追放してきた。嘘をつくと、武士は切腹し、町人は株仲間から追放され、農民は「村掟」によって制裁される。これらの抑止力によって、繰り返しの行使によって、正直者の集団となった、と言う（『日本人の「覚悟」』）。

E-a 「嘘つきである？」（不正直、偽装的？） 全6件

① 「我々の間では、人と面と向かって嘘つきだ、と言うことは最大の侮辱である。日本人はそれを笑い、愛嬌としている」

（ルイス・フロイス『日本覚書』）

② 「私は、日本人ほど傲慢で、貪欲で、不安定で、偽装的な国民を見たことがない」

（フランシスコ・カブラル『書簡』）

③ 「それ（ハリスの手紙への返事）は私の全然予期しないもので、去る2月にこの問題で談じ合った際に、彼等が私に言ったものと、まったく相違したものだ。それはまったく嘘と二枚舌で固めたものである。なんとかして真実が回避され得る限り、決して日本人は真実を語りはしない、と

私は考える。率直に真実な回答をすればよいときでも、日本人は虚偽を言うことを好む」

（タウンゼント・ハリス『日記』）

④「日本人の悪徳の第一に、この嘘という悪徳を掲げたい。そしてそれには、必然的に不正直な行動というものが伴う。したがって、日本の商人がどういうものであるか、ということはこのことから容易に想像できよう。彼等は東洋人の中では、最も不正直で、ずるい」

（ラザフォード・オールコック『大君の都』）

上記④のオールコックの発言は、開港間無しの横浜における、外人値段と殿様値段と一般値段の三つに、不信感を露わにしている。④のその誤魔化しを攻めるのは、「泥の中でウナギの尻尾を掴もうとする、ようなものである」とまで言っている。その他の二発言もすべてオールコックによるものである。オールコックは「嘘つき」の観察のチャンピオンの感がある。

◎正直についての総論

「嘘つきである?·」（不正直、偽装的?·）との指摘は戦国時代と開国直後に集中している。戦国時代においては、食うか食われるかの時代であり、嘘もやむを得ないこともあり、そういう事実もあったであろう。開国時においては、開港場において、オールコックが指摘するような、商人が誤魔化すこともあったようである。しかし平和な江戸時代になってから、ならびに開国後の混乱の後は、そういうことはなくなるのである。その後来日外国人から「嘘つき」の断定は行われていない。「嘘つきである？」（不正直、偽装的？）は特殊な状況下の特殊な現象であり、通常はそうではない、と結論づけてもよいであろう。

「嘘をついたことがあるか」という質問で、その国民の正直度合いを測ろうとするならば、敵対型文明国においては真実を測れるが、温和型文明の国・日本においてはそうではない。日本においては上記に記したように、B3「関係悪化を避けるために真なることを言わない」、B3-1「〝社交辞令〟や〝嘘も方便〟を使う」、B3-2「ホンネを隠してタテマエを言う」ことが多く、本当のことを言わないことがある。それは不正直、不誠実であることを示していない。その国民が正直か誠実かどうかは別の基準で測らねばならない。別の基準とは何か。それは後述するF3「盗みを嫌う」（犯罪嫌悪）での、拾った財布を警察に届け出るかどうかである。これについては、その徳目で詳論する。

E1 「誠実である」（至誠） 全2件

① 「私は頼んでおいた仕事を果たしてくれた、この熱心な人たちの誠実さと熱心さに、すっかり感動した」（フィリップ・シーボルト『日本』）

② 「彼等は官憲に尋問されない限り、表裏がなく、人に親切であり、友としては死ぬまで忠実である。日本人はいろいろな危険があっても、友のために尽くし、どんな苦痛にも耐え、友の信頼を裏切ることは決してしない」（フリードリッヒ・リュードルフ『日本における8カ月』）

上記はE1「誠実である」（至誠）を表現するものである。E「正直である」（嘘をつかない）が人間の持つべき基本性質だとすると、その行き着く先として、E1「誠実である」（至誠）が結果する。

誠実の意味としては、「私利私欲を交えず、真心を持って人や物事に対すること」（デジタル大辞泉）で良いであろう。この場合の真心とはE「正直である」（嘘をつかない）である。つまり、①私利私欲を持たないこと、②正直であること、が誠実であることの条件である。それを体現する人物としては、加藤清正（伏見地震のとき、秀吉のために、謹慎の身ながら伏見城に駆けつけ警護したり、秀頼が二条城で家康と会談する際も、身を挺して秀頼を守った）が挙げられる。これはE5「感謝する」（恩に感じる）の事例でもある。

この誠実、誠というのは武士道の中心概念であったためであろう、諺・名言もすこぶる多い。「至誠は神のごとし」「巧言令色鮮《すく》なし仁」「心だに誠の道に適いなば、祈らずとても神や守らん」（菅原道真）、「人の我を信ぜざるは誠の至らざるなり、よろしく自省せよ」（伊藤仁斎）、「天を相手にして己を尽くし、人を咎《とが》めず、我が誠の足らざるを尋ぬべし」（西郷隆盛）、「男児世に処する、ただ誠意正心をもって現在に応ずるだけのことさ」（勝海舟）、「交際の奥の手は至誠である」（渋沢栄一）など。

商家の家訓としては、次がある。島井宗室（博多）家訓の「貞心・律儀・慇懃《いんぎん》なること」、二世山中兵右衛門（近江日野）家訓の「万事につけて、不誠実な行為を慎むこと」、岡谷総助（名古屋）家訓の「一身を誠実に守らねばならない」、下村彦右衛門（京都）遺訓の「誠意ある対応」、渋沢栄一（武蔵）家訓の「言葉は真心を込め、行いは慎み深く、事を取りさばき、人に接するには必ず誠意をもって臨め」など。思想家で「誠」「誠実」を強調したのは、山鹿素行、伊藤仁斎、吉田松陰である。

近世での武士の思想家や武士道での誠実の重視によって、その考え方は庶民にも広がっていった。これをもって会田雄次は「日本人の原質は〝誠〟である」と言い切った。そこで、「意識とか知識の異なる人とでも、この情感（誠）さえあったならば、平和に交わっていけるはずだ、何もかもみなそこへ通じるはずだ、ということになる。……つまり〝誠心誠意〟万能主義ということである」（『極限状況の日本人』）。

会田雄次が指摘するがごとき、日本人は「誠心誠意」が好きである。しかも日本社会ではそれで通ってきた。だから、外交においても、その「誠心誠意」で交渉すれば、分かってもらえるはずだ、とつい思ってしまう。難交渉に向かう日本の歴代外務大臣たちは、よくその心境を「誠心誠意」で立ち向かうと吐露したものである。その結果はどうであったか。いずれも達成できずに終わっている。つまり、「誠心誠意」が通じるのは、同質な国民がいる日本においてのみ、なのである。

国際社会では、敵対型文明の国がほとんどなので、それらの国の流儀で交渉に当たる必要があるのである。もう一度、敵対型文明の流儀を確認してみよう。序章規定の⑪互いに他人を信用することなく、和することはしない。⑫事故や事件が起こり、個人間が争う場合、個人は謝ることなく、どこまでも自己の正当性を主張する。⑬自己主張が強く、弁論術が発達する。ここで、個人を国家におきかえればよい。そういう国を相手に「誠心誠意」の心で接しても、まったくの無力である。日本人が国際社会で生きていくためには、敵対型文明での武器である弁論術、ロジック、レトリックなどを修得する必要がある、のである。

E1-a 「権威主義?」 全1件

①「外出するときは、大小の二刀を身につけ、あたかも世の中に他の人がいないもののごとく、傲然《ごうぜん》たる態度で歩く。しかし、誰か自分より地位の高い者に出会うと、この威勢はまったく一変して、謙《へりくだ》った態度になり、たとえそれが上辺の見せかけにせよ、実に鮮やかな変化を見せる」

（アヴィラ・ヒロン『日本王国記』）

E1「誠実である」（至誠）への反証と思われるものが、E1-a「権威主義?」である。確かに武士の社会では、こういうことは当たり前だったかもしれない。これは「虎の威を借る狐」の姿で、温和型の日本ではよくあったことである。特に貴族が支配者であった宮中では、貴族の位によって、また武家が支配者となった中世以降は、武家の実力度によって、自己より上の者にはぺこぺこし、下の者には威張る、ということがあったようである。現代においても、学界やジャーナリズムにおいて、顕著である。会田雄次は「背後の権威者を頼みたがる日本人」と表現している（『極限状況の日本人』）。こういうことは敵対型文明の国々ではまずないことであろう。これは温和型文明では認めなければならない、あまり誇れない事実かもしれない。

E2 「義を追求する」 全1件

① 「心付けによって義務（本来職務）を怠るということは、日本人にとっては、人間としての尊厳を貶《おとし》めるもの、として見なされている、ことを意味しているのだろう」

（ハインリッヒ・シュリーマン『現代の中国と日本』）

上記はE2「義を追求する」の証言である。シュリーマンは「義」のことを言っているのである。この「義」は武士道では中心的徳目であった。E1「誠実である」（至誠）が人間の持つべき基本性質だとすると、その行き着く先として、E2「義を追求する」が結果する。

武士道における「義」の捉え方はさまざまであった。新渡戸稲造は人間が守るべき正しい道、物事の正しい道筋、道理であるとし、それは対人関係また社会に対して負う義務だ、とする（『武士道』）。草原克豪は人が果たすべき正しい大義、正義のことであって、人間にとって最も大事なもの、とする（『新渡戸稲造はなぜ「武士道」を書いたのか』）。森良之祐は至上の道理、七つの徳目の根幹を成すもの、とする（『面白いほどよくわかる武士道』）。

E2「義を追求する」を体現する人物としては、和気清麻呂（宇佐八幡のお告げをそのまま報告することが我が使命と思い、さまざまの誘惑にも乗らず、それを貫き通した）、佐倉惣五郎（重税に苦しむ農民を代表して将軍に直訴し、訴えは入れられたが、処刑された）、大塩平八郎（天保大飢饉のとき、何の対策を取らなかった大坂町奉行を懲らしめるべき、一揆を起こした）、田中正造（足尾銅山からの鉱毒被害を明治天皇に直訴した）などが挙げられる。いずれもあるべき社会はこうあるべきだ、それを為政者に訴えるのが自らの使命であり、そのために自らの命がなくなっても構わない、とする強い信念（それが「義」である）を持っていた。

この「義」は現代では正義またはイデオロギーと解されている。この正義またはイデオロギーはその社会での多数派が思う正しいことであり、その民族、社会、歴史によって異なってくる。キリスト教社会の正義、イスラム教社会の正義、儒教文明国の正義、仏教文明国の正義は違う。従って、イデオロギーにおいて、どれが正しいかを議論することはナンセンスである。イデオロギーとはそういうものである、ことを我々は悟らねばならない。ただ、そうだとしても、「義」を追求することが無価値なのではない。

E2-1「義理を感じる」

明治末までの外国人記録の中には、このことを指摘したものはなかった。昭和に入って、この「義理」を発見したのはルース・ベネディクトである。その著『菊と刀』において、義理の体系化を試みた。

ベネディクトは、後にE5「恩に感じる」で取り扱う「恩」について、その「反対義務」として、A「義務」とB「義理」に分け、それぞれに複数の項目を挙げ、Bには「世間に対する義理」と「名に対する義理」を挙げた。この「名に対する義理」の中に「復讐の義務」や「自分の失敗や無知を認めない義務」がある、としている。そういう見なし方をするのは研究者の勝手ではあるが、日本人からすると、およそ認められないものであり、日本人を直接観察しなかった者が陥りやすい、突飛な妄想である。

例えば、「復讐の義務」は「人から侮辱や失敗のそしりを受けたときに、その汚名を〝すすぐ〟義務」である。ベネディクトは全日本人がこういう心情を持っているとするが、これは事実に反する。「復讐」もときにはありうるが、事例は少なく、普遍的な原理ではない。江戸時代まではまま行われたが、明治維新後にはこういうことは聞かない。「自分の失敗や無知を認めない義務」もあると言うが、これを実践している日本人はごくごく少数であろう。その他に、「日本人の礼節を踏み行う義務」があるとしているが、これらは「名に対する義理」に含まれるような種類ではない。本書ではD「礼儀正しい」やB「感情を表さない」などの項目に属するものとして取り扱っている。

それよりも問題なのは、ベネディクト説では、義理は恩を受けたことに対する反対行為、として捉えられていることである。つまり、義理が発生するのは、受けた恩に対して、何かをしなければならない、とする心情に発する、として捉えられている。それであれば、その行為は「恩返し」と名付けられるべきものだが、現実はそうはなっていない、ところが苦しいところである。

「義理」に対する本書の立場は、「義」の系として「義理」を捉えるところにある。E2「義を追求する」から、E2-1「義理を感じる」が結果する、と考える。つまり、ここまでは、正義としての「義」であったが、江戸時代においては、それは「義理」へと発展する。「義」は各々が正義だと見なす主観的、意欲的なものであったが、「義理」はこういう状況ではこうして当然だ、とする客観的なものであり、いわば社会的な義務みたいなもの、となったのである。「義」は武士の間で積極的に追求されたが、それが町人などに伝わると、「義理」として消極的なものとなった。新渡戸稲造の『武士道』においては、「義」の章の中で「義理」が扱われている。ここで、本来「義理」とは「正義を行うための義務」のことである、とされている。つまり本書と同じ立場である。

「義理」と言えば、「義理」と「人情」の板挟みということが、江戸文学の一大テーマの一つになってきた。「義理」は「義」の延長線上の道徳（理性）であり、「人情」は人間として感情（感性）であり、それが同一本人において、どちらに基づいて行動すべきか、迷うことになる。例えば、妻子ある大店の主人が外部のある女性と恋仲になり、子もできて、それが妻の知るところとなり、妻からその女子供と別れるように迫られる、場合を考える。一方で先代主人から婿養子に取り立てられて、その家の先代には恩があり、簡単には妻子を裏切ることはできない（義理）が、他方できつい妻とは違って、外部の女は自分によくしてくれるので、この女とその子を捨てることはできない（人情）、と悩むわけである。

こうした場合、日本人は「義理」と「人情」の板挟みになる。先代主人からよくしてもらった「恩」を思い、それに応えねばならない「義理」を感じているからである。ところが、敵対型文明人は先代主人からの「恩」は過去のものであるとして、いつまでも「義理」を感じることがないので、今現在どちらの女性に愛情を感じているのか、の観点からいともあっさりと、どちらかの女性を選択することができるのである。

現代の大半の日本人にとっては、Ｅ２「義を追求する」ということは、大それたことであって、尻込みするが、ある人はＥ２-１「義理を感じる」し、それに伴う義務は最低限でも果たしたい、と考えているのである。

Ｅ３ 「金銭に潔癖である」 全４件

①「驚いたことに、彼等は胸に手を当てながら、〝日本男児〟と言って、その金銭の受取りを拒否した。……彼等は上辺だけの検閲で満足した。そのうえ、非常に好意的な親切極まりない言葉で応対した。そして、再び私に深い敬意を表しながら、〝さよなら〟と言った」

（ハインリッヒ・シュリーマン『現代の中国と日本』）

②「一度も失礼な目に遭ったこともなければ、真に過当な料金を取られた例もない」

（イザベラ・バード『日本における未踏の地』）

③「革帯が一つ紛失していた。もう暗くなっていたが、その馬子はそれを探しに一里も戻った。彼にその骨折り賃として何銭かをあげようとしたが、彼は旅の終わりまで無事届けるのが当然の責任だと言って、どうしてもお金を受け取らなかった」

（イザベラ・バード『日本における未踏の地』）

④「（好意から扇子で扇いでくれたことに対して、）料金を尋ねると、少しも要らないと言い、ど

うしても受け取らなかった。彼等は外国人を見たこともなく、少しでも取るようなことがあったら、恥ずべきことだ、と言った」

（イザベラ・バード『日本における未踏の地』）

上記はE3「金銭に潔癖である」についての証言である。E2「義」が人間の持つべき基本性質だとすると、その行き着く先として、経済活動においては、E3「金銭に潔癖である」が結果する。4件の証言は、理由のない金銭を受け取らない、という日本人の「金銭に潔癖である」なことを証明している。

事実として、武士は金儲けにはまったく関心がなく、「金銭に潔白である」を地でいっていた。武士階級がなくなった後、その精神は全国民に広がった、と思われる。その流れがあるから、日本人は全般に「金銭に潔白である」。これにはE「正直である」（嘘をつかない）とか、E1「誠実である」（至誠）とか、も関係している、ものと思われる。

E4 「信頼できる」（信用できる） 全3件

① 「彼等は中国人のように商売などのことで嘘をついて取引したり、誤魔化したりというようなことはしない。この点については、日本人は正確で信頼できる」

（ジョアン・ロドリゲス『日本教会史』）

② 「江戸では、人が足繁く訪れる場所、寺の境内などの壁や垣根の側に、およそ2フィートの□

の箱がよく置かれている。そこではさまざまな小間物の必需品、楊枝などが、しっかりと値をつけて販売されているが、売り手はいない。客はなんでも好きなだけ手に取り、お金を足下にある小さな引き出しの中に入れる。世界で最も人口の多い都市の一つがこうである」

（フィリップ・シーボルト『日本』）

③「日本人は忘恩だ不信だ、と言っておうおう非難する者がある。これ私が私の日本においては経験しなかったところである。私はむしろその反対を経験した」

（ラファエル・ケーベル『小品集』）

上記はＥ４「信頼できる」（信用できる）の証言である。Ｅ３「金銭に潔癖」が人間の持つべき基本性質だとすると、その行き着く先として、金が社会の基本となる近代社会では、Ｅ４「信頼できる」（信用できる）が結果する。

E5 「感謝する」（恩に感じる）

これについては、明治末期までの外国人の観察の中には、出てこない。昭和に入って、この徳目はルース・ベネディクトによって採り上げられる。現代においては、ルース・ジャーマン・白石が「世界中の人たちに誇りたい日本人の気質」として、「感謝の言葉が豊かな日本人」を、「日本のビジネスはここがすごい！」として、「感謝の心を言葉以外のもので表現する日本」を、挙げている（ともに

『日本人が世界に誇れる33のこと』)。

自らがE1「誠実である」(至誠)、E2「義を追求する」、E3「金銭に潔癖である」、E4「信頼できる」(信用できる)を実践すれば、同様に実践している人から自分に接しられれば、E5「感謝する」(恩に感じる)ものである。特に、育ててもらったとか、目をかけてもらったとか、便宜を図ってもらったとか、の場合はなおさらである。

これを体現する人物としては、高台院(豊臣秀吉の妻、昔嫁入りのとき、相談相手となり嫁入り道具を調えてくれた人を、全国から探し出し、饗応してもてなした)、永田佐吉(尾張の人、奉公していた店から仲間の讒言《ざんげん》によって暇を出されたが、恨むことなく、よく旧奉公先を訪ね、その店が傾いてからも、旧主人の面倒をみた)が上げられる。諺・名言としては、「報恩謝徳」「怨みほど恩を思え」「我人に恵みしことは忘れても、人の恩をば永く忘るるな」(北条時頼)などがある。反対表現の諺・名言としては、「恩を仇で返す」「後足で砂をかける」などがある。

寺子屋の教科書では、『童子教』に次が記されている。つまり、「恩を戴きて恩を知らざるは、樹の鳥の枝を枯らすがごとく。徳を蒙りて徳を思わざるは、野の鹿の草を損ぜしむるがごとし」。武家の家訓には次がある。すなわち、朝倉敏景十七箇条には、「人から受けた恩はいつまでも忘れてはならない」とある。

この恩については、ベネディクトの『菊と刀』での理論についても、記しておかねばならない。彼女は同書において、ことさらに詳細な分析をして、受けた「恩」とそれへの返済としての「義理」が日本道徳の根幹であるかのようなことを記しているが、的外れでないにしても、大げさ過ぎるし、これ以外には道徳がないかのような言説は誤りである。本書での理論展開は「正直」↓「誠実」↓「義」↓「義理」↓「感謝」（恩）であるが、彼女の展開は「恩」↓「義理」であり、倒立している。「義理」についてはE2-1「義理を感じる」で批判しておいた。

ベネディクトは恩に対する責務を義務として強調しているが、本書では、恩に対する率直な感謝を覚え、それが後日の感謝行動に結実する、とする。この場合、その感謝の行動は人によりまちまちである。即座に行う人、1週間後に行う人、行わない人、などさまざまである。単に感謝を述べるだけの場合もあれば、その他のお返しに及ぶ場合もある。ベネディクトが考えるように義務として行うのではなく、純粋な心の反応として行うのである。

E5「感謝する」（恩に感じる）を日本人はどうも過大に表現しやすい。同じ一つの恩を感じたことに対して、時を置いて、二度目、三度目も感謝を表す。それだけ深く感謝していることを表現しているが、日本では丁寧であるとして、好意的に受け取られる。ところが同じことを敵対型文明の人に行うと、逆におかしな状況が出現する。二度も三度も感謝するのは、その感謝の元になる当方の行為をまだしてほしい、ということなのか、と勘違いするのである。日本の善意が文明の異なる人たちには、逆に邪悪な期待があるのか、と疑念を抱かせることになる。よくよく注意しなければならない。

F　善良

F「道徳的、善良である」全10件

①「私の考えでは、日本人ほど善良なる性質を有する人種は、この世界において極めて稀有である。……彼等はいたって親切にして、虚言を吐き詐欺《さぎ》を働くがごときことは、かつて聞くことはなかった」
（フランシスコ・ザビエル『書簡』）

②「日本人の親切なことと善良なる気質については、私はいろいろな例について、驚きをもって見ることがしばしばあった。それは日本で商取引をしているヨーロッパ人の汚いやり方やその欺《ぎ》瞞《まん》に対して、思いつく限りの侮り、憎悪、そして警戒心を抱くのが当然と思われる現在でさえも変わらない」
（カール・ツンベルク『旅行記』）

③「日本の文明にはまた道徳的および知的分子なきにあらず、しかもその分量はアジアの他の部分におけるよりも、はるかに多い」
（ラザフォード・オールコック『大君の都』）

④「刑罰の厳しさや一般的な共同責任は、道徳を何よりもまず必要な慣習にしてしまった」
（A・ベルク『プロイセンの東洋遠征』）

⑤「自分の国で、人道の名において道徳的教訓の重荷になっている善徳や品性を、日本人は生ま

れながらに持っているらしい」

（エドワード・モース『日本その日その日』）

上記はF「道徳的、善良である」の証言である。上記の証言の他には、フランシスコ・ザビエル、アルノルドゥス・モンタヌス、カール・ツンベルク、ワシーリイ・マホフ、エドワード・モースのものがある。

F「道徳的、善良である」の徳目では、10の記述があり、時代的にも戦国時代から明治時代まで、満遍なく指摘があって、ただ道徳的、善良の内容が堅苦しすぎるとの苦情があるだけである。だとすると、F「道徳的、善良である」ということは、日本人の特性として定立しうるであろう。

F「道徳的、善良である」ことの意味としては、①温厚、温和、素直な性質、体質ということと、②道徳的に善をなす性質、体質ということ、の二つがある。このうち①については、A「温厚・温和である」で考察済みであり、本節においては、②について考察する。

F「道徳的、善良である」には二つの意味があるとおり、この二つは関係している。①温厚、温和、素直な性質、体質であれば、②道徳的に善をなす性質、体質にもなる。それは今まで考察したとおり、A「温厚・温和である」→C「思いやりがある」→E「正直である」→F「道徳的、善良である」と考えられる。

F「道徳的、善良である」についての諺・名言としては、「善は急げ」「善因善果」などがある。寺子屋の教科書にも、例えば『実語教』では、「善を見ては速やかに行え。悪を見てはたちまち避けよ」

「善を修する者は福を蒙る。例えば響きの音に応ずるが如し。悪を好む者は禍を招く。あたかも身に影の随うが如し」「善いことをすれば、幸運が舞い込む」が書かれている。『金言童子教』にも「人、善ならずば交わらざれ、物、義にあらずんば取らざれ」があり、『和語陰隲録』には、「積善の家に余慶あり」が説かれている。

F「道徳的、善良である」という性質は、道徳的行為や道徳的状況（徳）の総称的性質であり、第三者が概観したときにつける性質である。この思想的、宗教的淵源としては、仏教ではこれといったものがない。儒教においては、「四端の心」としては「是非」（善悪）、「四徳」としては「智」（道徳心、善悪を見抜く力）が当たる。思想家で善良を強調したのは、「十七条憲法」第6条、山鹿素行、伊藤仁斎、貝原益軒などである。

F-a 「人身売買、畜妾制度の存在？」 全1件

① 「父親が娘を売春させるために売ったり、賃貸ししたりして、しかも法律によって罪を課されないばかりか、法律の認可と仲介を得ているし、そしてなんら隣人の非難も被らない。……合法的な畜妾制度のある国で、どうして家庭の関係の神聖さを維持できるものか、私には分からない」

（ラザフォード・オールコック『大君の都』）

◎FとF-aの関係について

このF-a「人身売買、畜妾制度の存在?」は、F「道徳的、善良である」の反証である。強力な反証にも見えるが、ここでオールコックが指摘しているのは、社会的制度である。F「道徳的、善良である」は人間が道徳的かどうか、を言っているのであるから、その反証も人間が道徳的かどうかの分野で出すべきである。つまりは、人間が道徳的かどうかということと、非道徳的な社会制度とは本来関係がない。人間が道徳的であっても、社会的に非道徳的な制度が存在しうるし、その逆もありうる。あるいは社会的に非道徳的な制度を容認して、一部に閉じ込めることによって、社会全体では善良なる人間がより善良になる、とも言い得るのである。人間の情的欲望を満足させたい欲望の強い人はこの方面での欲望が叶えられるので、他の分野では悪をしようとは思わなくなる面があるのである。日本の戦前まではそういうことが言える時代であった。

同じことが西洋についても言える。西洋では昔から奴隷制度があった。近世になってからも、奴隷売買制度があった。これらの制度をもって、西洋人は道徳的ではない、善良ではない、と言えば、西洋人からは、我々は隣人愛の精神の下、善良な民族なのだ、隷売買制度は別の問題だ、との反論が来よう。

F1「良心に従って判断する」

F1「良心に従って判断する」については、外国人で、過去にも現代でも、これを指摘した者はいない。日本人においても、これを指摘する人はごく少数である。しかし、理論的には、F「道徳的、善良である」のであれば、当然の結果として、F1「良心に従って判断する」こととなる。

井上雅夫の説に沿って説明すると、次のとおりである。西洋の道徳は人間罪人観、性悪説によって成り立っている。本来悪なる人間を外から矯《た》めるのである。「外なる善」があって、人間はそれに従えとなる。「外なる善」とは唯一絶対の神の命令である。それは『バイブル』に書かれている（『日本人の忘れもの』）。

それに対して、日本の道徳は人間神の子観、性善説によって成り立っている。道徳は本来人間の内部から自然に出てくるものであり、人間の本性への信頼が基礎になっている。外から無理に非人間的なものを押しつけるものではない。戒律や法律をたくさん定めなくてもよい。「お天道様が見ている」「天地神明に誓って」という言葉があるとおり、人が見ていないからとて、悪いことをするのではない。内心の良心に照らして、良いか悪いかを決めているのである。これは「内なる善」の世界である（同上）。

日本の思想家で、「内なる善」「良心に従って判断する」を説いた代表者は貝原益軒である。貝原は『大和俗訓』において、人の性質は「教えざれども幼きより親を愛」するもので、「人皆仁心あり」とした。よって道徳は「人の生まれつかざることを知らしめ、行はしめんにはあらず」、それは「なしがたし」ことであり、ゆえに「その人にもとより生まれつきたる善心あるを本にして」導くもの、としたのである。同様の考えを持っていたのは、石門心学の柴田鳩翁、中沢道二らと二宮尊徳である。

これに関連して、カント倫理学と日本道徳の親近性を指摘しておきたい。カント倫理学はプロテスタンティズムの中から出たと言われる。背景はそうかもしれないが、その道徳観は一般の西洋人が抱くものとは正反対である。世間一般の西洋人は『バイブル』に書かれた「十戒」などの命令を実行するのが道徳と思っているが、カントは自ら義務として自己立法したい、すべきだとして、義務＝「定言命法」を考えついた。それは過去の経験に基づく「仮言命法」（幸福になりたいならば、何々せねばならない）ではなく、経験にはよらない、内心からの「定言命法」（条件のつかない何々せよ）であった。自らの良心によって判断せよ、ということである。そうであるならば、上記の日本の道徳とほとんど同じではないか。違うのは、カント倫理学が学問的であり、日本の道徳は直感的である、というだけである。

これに関連して言及せねばならないのは、ルース・ベネディクトの「罪の文化」と「恥の文化」の考えである。ベネディクトの『菊と刀』によれば、西洋文化は、内的罪意識の自覚から、自律的、内面的であり、普遍的であり、それに対して日本文化は外的な強制力から、他律的、他者志向的であり、相対的とされている。しかし本徳目冒頭からが描き出したのは、それとまったく逆のことである。西洋文化は、外的な強制力から、他律的、他者志向的であり、相対的とされ、これに対して日本文化は内的な良心から、自律的、内面的であれ、絶対的である。

ここからは、異なった価値基準から相手文化を一段低いものと設定する、ことが双方向で可能であることを示している。二つの立場は相対的なものである。したがって、本書の立場はベネディクトの立場よりも優れている、と主張するのではない。少なくとも、ベネディクトの考えが本書の立場よりも優れている、との考えは間違っているのである。

ベネディクトの理論には今まで誰も分析したこともない要素や分野もあり、多少は頷《うなず》ける部分もあるが、日本人の道徳が世間の評価によって決まる（左右される）を意味するならば、それは誤りである。西洋の文化が罪の意識が元になり、神の命令に背かないよう律せられるのに対して、日本の文化はそうはなっていない、とするのは大まかには正しい。

しかし、日本の道徳が世間の評価のみによって決まる、とするのは明らかな間違いである。恥をかかないように行動するのは外面的なことである。他方で、上述した良心によって行動を決める内面的な面もあるのである。「恥をかかない」ように行動するのは、後に別の箇所、H1「恥にならないように行動する」で詳述するが、社会習俗の領域であり、純道徳的な領域では、良心によって判断しているのである。

日本人の道徳が常に外面的に、恥を避けるということで行われるのであれば、C2-1「公徳心がある」、C4「弱者への敬意、労り、配慮」、C6「自己の利益よりも公（他人の利益）を優先する」、C7「布施、寄付、陰徳する」、F3「盗みを嫌う」をどのように解釈すべきなのか。これらも、それらをしないと恥と感じるからなのであろうか。これらの中には、少数者のみがしているものもあり、それらは「恥をかかない」ということでは説明がつかない。純粋な良心からの判断、という以外には説明がつかない。

また逆に、「罪の文化」の国々で「公徳心がない」「弱者への敬意、労り、配慮がない」「公よりも自己の利益を優先する」「災害のときに略奪や暴動を起こす」などがよくあるが、これらをどう解釈するのであろうか。これらは罪の意識が足りないのであろうか。少なくとも「罪の文化」の国々でも、罪の意識は一様には浸透していないらしい。

さらに言えば、ベネディクトを始めとする「罪の文化」の人々は、罪の意識があることが良心的で道徳的と思っていて、その基準で他の文明の道徳を断罪するが、それが通用するのは「罪の文化」の人々においてだけである。そうではない人々にあっては、罪の意識があることがなぜ道徳的なのか、そこからなぜ良心が生まれるのかは、不思議に思うところである。序章でも確認したごとく、世界には多くの文明があり、それらはすべて同等であって、「罪の文化」が他より優れているものではない。罪の意識を感じないからと言って、道徳的ではない、とは断じて言えないのである。

F2 「人を陥れたり、悪し様に言うことを嫌う」 全1件

① 「偽って人を許えるのは、彼等においては罪人である。ゆえに下賤の人であっても、人に邂逅《かいこう》するときは、これに相応の尊敬を表し、たとえその人の不在のときであっても、決してこれを悪し様に言うことはない」

(アルノルドゥス・モンタヌス『遣日使節紀行』)

日本人の道徳観がF「道徳的、善良である」のであれば、当然の結果として、F1「人を陥れたり、悪し様に言うことを嫌う」こととなる。F2「人を陥れたり、悪し様に言うことを嫌う」を体現する人物には、伊藤東涯(弟子が荻生徂徠《そらい》の悪口を言ったが、それをたしなめた)がある。

F3 「盗みを嫌う」（犯罪嫌悪） 全7件

① 「私がこれまでに会った国民の中で、キリスト教徒にしろ、異教徒にしろ、日本人ほど盗みを嫌う者にあった覚えはない」

（フランシスコ・ザビエル『書簡』）

② 「彼等は生来、道理に明らかである。盗みは彼等の最も憎むところであり、ある地方においては、盗みを犯した者は何ら手続きを踏むことなく、直ちにこれを殺すことができる。鎖なく、牢獄なく、司法官なく、各人は自家において判事である。ゆえにこの国が良く治まらないことはなく、罪は見逃されず、また譴責《けんせき》によって免除されず、直ちに犯人を殺すがゆえに、恐怖により良く統治されている」

（ルイス・フロイス『書簡』）

③ 「日本人は嘘をついたり、物を盗んだり強奪することに、嫌悪感を持っている。この点において、日本人は中国人と著しく異なっている」

（フリードリッヒ・リュードルフ『日本における8カ月』）

上記はF3「盗みを嫌う」（犯罪嫌悪）の証言である。省略したのには、ジョルジェ・アルヴァレス、フランシスコ・ザビエル、カール・ツンベルク、フィリップ・シーボルトがある。現代においても、これは真実であり、例えば石黒マリーローズは「カバンで席をキープできるのはお互いに強い信頼関係があるから」「自動販売機や無人の販売所の存在は日本人の道徳心を象徴するもの」と記している（『日本だから感じる88の幸せ』）。

日本人の道徳観がF「道徳的、善良である」のであれば、当然の結果として、F3「盗みを嫌う」(犯罪嫌悪)こととなる。商家の家訓としては、伊藤家(名古屋)の家訓に「五戒を守れ」がある。F2「盗みを嫌う」(犯罪嫌悪)の思想的、宗教的淵源としては、仏教の「五戒」のうちの一つ「不《ふ》偸盗《ちゅうとう》」がある。「五戒」は仏教倫理の基本中の基本であるので、仏教の日本中への浸透によって、この現象が現れている、と解釈できる。儒教では「四端」として「羞悪《しゅうお》」(悪を憎む)があり、「四徳」として「義」(正義感、不生を憎む勇気)がある。

F3-1「拾った財布を届ける」

これについては明治末までの外国人記録には登場しない。それまでは現代ほど金銭や財布が普及していなかったか、交番という施設が少なかったがために、記述がなかった、ものと思われる。

現代においては、日本人が「拾った財布を届ける」ことは世界的にも広まりつつある。テレビの番組で、来日外国人に、日本の素晴らしいこと、驚いたことで聞いたところ、「拾った財布を届ける」はほぼ上位にランクインする。ある番組で、世界の国での届け出る率でランキングしたところ、日本がダントツの1位であった(「世界番付」2015年8月7日)。また、ルース・ジャーマン・白石は「私が尊ぶ日本人の習慣」として、「現金の〝落とし物〟をポケットに入れない国」と表現している(『日本人が世界に誇れる33のこと』)。

拾った財布を警察に届ける、ということはどういう意味を有するか。一つには、届け出る人は、財布を落とした人にとっては、経済的にもダメージだし、精神的にも滅入っているだろう、と落とした人への気遣いをしている。つまりC「思いやりがある」の発露であり、もっと具体的にはC6「自己の利益よりも公（他人の利益）を優先する」の現れである。

二つには、届け出る人は、届け出るべきか、届けない方がよいか、心の中で自問自答する。そのときの判断基準は、届けないで自分の所有物にしてしまう行為が、道徳的かどうか、ということである。ここでたいていの日本人は、それを道徳的ではない、と判断する。これはF1「良心に従って判断する」の発露である。

三つには、道徳的ではないと判断したことと、届け出る行為との関係の問題である。心では道徳的ではないと判断したとしても、実際には届け出ないことだってありうる。ここで心での道徳判断と実際の行為が一致している、のが正直ということである。純粋に心で感じることを行為で示す、それが日本人が求めてきた正直なのである。E「正直である」（嘘をつかない）の発露である。

F3-2 「災害などのとき略奪しない」

明治末までの外国人の手記・報告などでは、G8「災害などのとき冷静沈着である」（わめかない）の記述はあるが、これについての直接の記述はない。と言うよりも、「災害などのとき冷静沈着である」のみが記されて、略奪のことが記されていない、ということは、略奪がなかった、ということである。

このことは21世紀の現代、テレビやインターネットなどによって、全世界に知れ渡ることになった。それは１９９５年の阪神淡路大震災と２０１１年の東日本大震災の発生のときであった。世界各国に報道されて、世界承認済みのことである。このことをマーチン・バローは、「日本から学ぶべき10項目」の一つとして、「良心」を挙げ、それを「店で買い物をしている人たちは、停電になると、手にしていた商品を棚に戻して、店を出た」と説明している。

阪神淡路大震災や東日本大震災のときに、当地の人々は冷静に対応した。生命確保の方策を行った後、余裕ができれば助け合いなどを行い、略奪、破壊行為は一切起こらなかった。日本以外のところでは、同様の地震が起きれば、慌てふためき、生命確保の方策の後は、略奪、破壊行為に及ぶのが一般的である。敵対型文明の歴史上、民族のせめぎ合いで、それが普通であったし、そうした習慣が爆発するのである。敵対型文明人には、略奪、暴動したＤＮＡが脈々と受け継がれているのである。

日本では大地震のときに略奪や暴動がまったく起こらなかった。それについて、西洋を始めとした世界中の人々が驚いている。それについて世界中からさまざまな意見が出ているが、いずれも的を得ていない。それというのも、ほとんどの国々は敵対型文明の人々であるからである。日本が温和型文明の国であることの認識もない。だからそうなるのは当然なのだ。

日本で大地震の際に略奪や暴動がまったく起こらない原因は簡単である。日本が温和型文明の国であるからである。序章の中の温和型文明の項で確認したごとく、戦争回数は驚くほど少なく、侵略、略奪、虐殺、奴隷化はなかったのである。そういう習慣がないことと、Ｆ３「盗みを嫌う」（犯罪嫌悪）の性質が血肉となっているからである。何が善で何が悪かを瞬時に判断し、悪事を避けることを、まるで本能であるかのごとく、行うのである。

F４「公平な処罰」（刑が厳しい、刑が早い） 全5件

①「金を盗めば一文でも百文でも、すぐ死刑になる。これは一文盗んだ者は、機会さえあれば百文の金を盗むであろう、という彼等の考えからである」（コスメ・デ・トルレス『書簡』）

②「国法を犯した者は厳刑に処して、仮借することなく、法を用いること公平にして、今や国内太平である。けだし、内政よろしきを得ること、日本国のごときはまた他にあろうはずはない」（ウィリアム・アダムズ『書簡』）

③「殺人を犯した者は死刑に処せられる。そしてもしどこかの町や路上でそのようなことがあったとすれば、犯人が処せられるのみならず、ときには肉親、縁者また隣人までもが、程度に応じて、罰せられる」（カール・ツンベルク『旅行記』）

上記はF４「公平な処罰」（刑が厳しい、刑が早い）の証言である。その他の発言にはアーサー・ハッチ、カール・ツンベルクがある。F４「公平な処罰」（刑が厳しい、刑が早い）は刑罰のことであるので、純粋な道徳問題ではないが、F「道徳的、善良である」性質の系と考えられるので、ここに記す次第である。いずれの発言も刑の公平処置、厳罰、迅速な執行を記している。

日本人の道徳的感覚がF３「盗みを嫌う」（犯罪嫌悪）のであれば、当然の結果として、F４「公平な処罰」（刑が厳しい、刑が早い）となる。また逆に、F５「公平な処罰」（刑が厳しい、刑が早い）なのであれば、F３「盗みを嫌う」ことにもなる。

F５　「治安が良い」（犯罪少ない）　全５件

①「日本全国の旅行は極めて安全であるり。大道に賊なく、窃盗のごときも稀である」
（カール・ツンベルク『旅行記』）

②「全国の財貨が集まる非常に重要な都市では、罪を犯す幾多の機会が生じる。それでも実際の犯罪者はまれである、ということを、我々は日本人全体の名誉のために、言っておかなければならない。数を挙げると、一年中、大坂の町で約１００人の犯罪者が死刑に処されるだけである」
（フィリップ・シーボルト『日本』）

③「私は決して札入れや懐中時計の見張りをしようとはしない。錠をかけぬ部屋の机の上に、私は小銭を置いたままにするのだが、日本人の子供や召使いは1日に数十回出入りしても、触ってはならぬ物には決して手を触れない」
（エドワード・モース『日本その日その日』）

上記はF５「治安が良い」（犯罪少ない）の証言である。ここに記しているもの以外には、カール・ツンベルク、エドワード・モースの言がある。この指摘は江戸時代中期あたりから明治時代までにされているものである。さすがに戦国時代は外国人はおろか国内人にとっても安全ではないので、その指摘がない、のは当然である。

Ｆ５「治安が良い」（犯罪少ない）ことは現代でも同様であり、石黒マリーローズは「よく働き、よく学び、忙しい国民だから、悪事を働く時間がない」と巧みな表現で、このことを伝えている（『日本だから感じる88の幸せ』）。

日本の素晴らしいところは何か、日本に来て驚いたことは何か、日本在住の外国人へのアンケートでは、「治安が良い」は常に上位に位置する。その理由としては、殺人件数が少ない、夜出歩いても襲われることがない、盗まれることがない、鍵をかけなくてもよい、怖いと思ったことが一度もない、などである。治安がよい国ランキングを調査したテレビ番組は、日本が1位であることを伝えていた（「世界番付」２０１５年8月7日）。

このＦ５「治安が良い」（犯罪少ない）も前項同様に、道徳項目ではなく、習俗の項目であるが、Ｆ「道徳的、善良である」性質の系と考えられるので、ここに記している。Ｆ３「盗みを嫌う」（犯罪嫌悪）のであれば、あるいはＦ４「公平な処罰」（刑が厳しい、刑が早い）であれば、当然の結果として、Ｆ５「治安が良い」（犯罪少ない）こととなる。別の系列からの影響ということで言えば、後述のＧ６「秩序立っている」（社会的従順さ）もこれに関わっている、かもしれない。

Ｆ５「治安が良い」（犯罪少ない）は思想的、宗教的には、Ｆ３「盗みを嫌う」（犯罪嫌悪）の実践の結果である。政治的には、江戸時代においては封建的秩序の安定ゆえのことだ、とは言えるが、人民が圧政に苦しんでいたか、そうでないか、については学者間で争いがある。

F5-a 「治安が悪い？」 全2件

①「ある国において、真理に対する愛はほとんど認めがたい。日本はそんな国である。虚偽、賭博、飲酒は盛んに行われているし、盗みや詐欺もかなり行われており、人情沙汰も相当多い」

（ラザフォード・オールコック『大君の都』）

②「確かに日本には、世の社会哲学者諸氏が実験したくなるほど、悪徳と犯罪が存在している。しかし、我々自身の首都で行われている首締め強盗は、江戸の街路で武士が行っている刃傷沙汰と大して変わりはない」

（ラザフォード・オールコック『大君の都』）

これはF5「治安がよい」（犯罪少ない）への反証である。しかしこの証言は、江戸時代末期の証言であり、明治時代にはそういう証言はない。それ以降現代に至るまでも、その証言はない。オールコックの証言は江戸時代末の特殊な現象を言い表しているだけ、と結論づけてもよい。

F1からF5までの項目はF「道徳的、善良」の項目の下位の項目として位置づけられる、F1からF5までの項目についての批判の記述はない。F2「人を陥れたり、悪し様に言うことを嫌う」、F3「盗みを嫌う」（犯罪嫌悪）、F4「公平な処罰」（刑が厳しい、刑が早い）、F5「治安が良い」（盗みなし）は、日本人の特性として特定できる。

第4章　道理

G　道理

G「道理に従う」全12件

①「日本人はどの国民より何ごとでも道理に従おうとする。日本人はいつも相手の話に聞き耳を立て、しつこいほど質問するので、私たちと論じ合うときも、仲間同士で語り合うときも、話はまったく切りがない」（フランシスコ・ザビエル『書簡』）

②「私は今までに信者および未信者の幾多の諸国を見てきたが、一度道理を認めると、それにこれほど従順で、もしくはこれほど信心と苦行に勤しむ人々を決して見たことがない」（コスメ・デ・トルレス『書簡』）

③「彼等を譴責《けんせき》するときには、一般に道理をもって納得させ、哀しみ切願する心をもって話し、譴責されるべきその過誤を犯したことを恥じ入らせるようにさせ、父親が子供を譴責するよう

に、怒りや感情からでなく、思慮深く、愛と悲しみの心をもって、話していることを理解させねばならない」

（アレッサンドロ・ヴァリニャーノ『日本要録』）

④「彼等は極めて鋭い観察を行い、実に要領を得た質問を発し、しかも粗探しをしたり、咎《とが》め立てをするような気持ちは微塵《みじん》もなかったのである。……私がこれまで交渉を持った相手の中で、最も道理を弁《わきま》えた人たちだった、と断定できる」

（ジェイムズ・ブルース『書簡』）

上記はG「道理に従う」を証言している。これらの大半は宣教師たちであり、日本人信者たち（になろうとする者を含む）に説教するときに、感じたものである。日本人は道理に合えば納得し、道理に合わなければ納得しない、ということである。上記の他には、フランシスコ・ザビエル（3発言）、コスメ・デ・トルレス、ニェッキ・オルガンチーノ、アレッサンドロ・ヴァリニャーノ（2発言）、エンゲルベルト・ケンペルの発言がある。

これらの宣教師たちは序章最後で確認したごとく、全面的賛美者であり、全面的批判者にはこれらの記述はなく、また宣教師以外にはほとんどこれらの記述はないし、上記をもって日本人の特性として認定するのはどうか、ということも考えられる。

しかし、道理感覚があるかないか、は宗教問答のときに発揮されるのであり、またそれがあるからこそ、江戸期において、海外情報がほとんどない中にあって、自然科学を発達させたり、本節で扱ういろいろな特性に繋がることから、G「道理に従う」ことは言えるのであろう。

ここで述べられている道理とは、国語辞典などによると、世間一般で正しいと認められた行いの筋道（『新明解国語辞典』）であるが、感情ではなく、理性によって、それを是認するという要素を入れなければならないだろう。つまり、道理とは世間一般で正しいと理性的に是認された常識みたいなもの、と言えるであろう。

第4章で扱うG「道理に従う」は、今までのA、B、C、D、E、F各群の徳目とはまったく異なる種類の徳目である。温和型文明に由来すると言うよりは、モンスーン型文明、より正確に言えば、日本型農耕生活に由来のものである。

G1「中庸を好む」全4件

①「我々は怒りの感情を大いに表すし、また短慮をあまり抑制しない。彼等は特異の方法でそれを抑える。そして極めて中庸を得て、思慮深い」

（ルイス・フロイス『日本覚書』）

②「彼等の感情がいかに抑制されるかは、驚嘆に値するところである。彼等は真に思慮と道理に従うから、他の国の人々の間に見られるような、節度を超えた憎悪や貪欲を持たないのである」

（アレッサンドロ・ヴァリニャーノ『日本要録』）

③「この中庸の精神によって、いかに幸福がもたらされることか。金持ちは高ぶらず、貧乏人は卑下しない。実に、貧乏人は存在するが、貧困なるものは存在しない。ほんものの平等精神が……社会の隅々にまで浸透しているのである」

（バジル・チェンバレン『日本事物誌』）

他にアルノルドゥス・モンタヌスの発言がある。4者ともに中庸について語っている。日本人が意識してG1「中庸を好む」ことを実践していることを示す諺・名言には、次がある。「過ぎたるはなお及ばざるがごとし」「善を誇れば善を失い、能に誇れば能を失う」（貝原益軒）。日本人が意識してG1「中庸を好む」ようになったのは、長年による日本型農耕生活の経験の積み重ねによるが、それに思想的影響が重なったためと思われる。仏教では「中道」概念があり、快楽主義でもなく、苦行主義でもない、まさに中間の八正道が示されている。『論語』雍也篇では、「中庸の徳たるや、それ至れるかな」とあり、極端を排している。

G2 「貪欲を嫌う」（足るを知る） 全1件

① 「日本人は貪欲《どんよく》を忌避し、もし独り貪欲なる者があるときは、卑劣にして廉恥《れんち》ない者と見なす。これまたその名誉を希望することによるものである」（ジャン・クラッセ『日本教会史』）

上記はG2「貪欲を嫌う」（足るを知る）を証するものである。日本人がG2「貪欲を嫌う」ことを証明する諺・名言には、次がある。すなわち、「貪欲は身を食う」（『源平盛衰記』）、「足ることを知って、及ばぬことを思うな」（楠木正成）、「人、物知れること多し。ゆえに欲もまた多し。欲は充《み》つべからず」（山鹿素行）など。『金言童子教』には「貪欲は奢侈《しゃし》より興り、忿怒《ふんぬ》は我慢より起こる」「銭財壁を過ぎて堆《うずたか》きも、行くに臨んで帯《おぶ》ることをえず」があり、欲に従えば災厄を受ける、と教えている。

G2「貪欲を嫌う」ことを示す家訓には事欠かない。まず、足るを知ることを記す商家家訓には、角倉素庵（京都）の「船中規約」があり、欲望に克つことを説いている。安田善次郎（越中）家訓には「欲望の奴隷となる人」を避けるべし、との規定がある。

次には、これに関する商家家訓には、正業に勤しめとの規定と賭事禁止の規定が多い。ここで賭事が極端事項であり、何もしないことが反対の極端であり、正業に勤しむことが中庸なのである。両方を規定している例としては、若狭屋（大坂）定書、西川甚五郎家（近江八幡）の家訓があり、正業に勤しめとの規定と賭事禁止の規定の事例としては、各々あまりにも多いので、事例紹介は省略する。名だたる商家の家訓にはどちらかの規定がある、と心得ておいて間違いではない。

思想面では、仏教では、「三不善根」（悪をなす原因）のうちの一つ「貪欲」が戒められ、「十善戒」のうち「不慳貪《ふけんどん》」（激しい欲をいだかない）、「五戒」のうち「不邪淫《ふじゃいん》」（邪な性交の禁止）、「不飲酒《ふおんじ》」（酒の禁止）が課される。

貪欲を追求すべきでないことを唱える思想家としては、慎みをもって私利私欲を抑え心を保つことを説いた林羅山、情欲を格物致知（経験より捉える）により制御すべきことを説いた山鹿素行、人欲を畏れて謹んで我慢することを説いた貝原益軒がある。

石門心学も「足ることを知る」こと、つまり貪欲を避けること、を説く。中沢道二『道二翁道話』では、「腹の内を安くするには、まず第一足ることを知るがよい。足ることを知って、ありがたいことを知ると安楽」。布施松翁『松翁道話』では、「足らぬと思えば、足ることなし。足れば、足らざることもなし」とある。

G2-a1 「貪欲である?」 全2件

① 「私は、日本人ほど傲慢で、貪欲で、不安定で、偽装的な国民を見たことがない」

（フランシスコ・カブラル『書簡』）

② 「（日本人は）一般に忘恩で、貪欲であり、けちである」

（アヴィラ・ヒロン『日本王国記』）

2人はともに日本人を貪欲である、と批判しているが、どういう貪欲状態なのか、なぜ日本人が貪欲と言えるのか、については何も語っていない。クレームのみあって、データがないのである。こういう主張は無視してよいものである。

とは言え、もうすこし慎重にことを運ばねばならない。彼等の立場に立って、忖度《そんたく》してみるとこういうことかもしれない。つまり、以下のG2-a2「酒に溺れる?」、G2-a3「性的に淫らである?」（混浴している?）、G2-a4「肉体的快楽に耽る?」（放蕩癖?）、G2-a5「男色に耽る?」の総論として言っているのであろう。そこで、G2-a1「貪欲である?」については、その各論として、「酒に溺れる?」「性的に淫らである?」「肉体的快楽に耽る?」「男色に耽る?」各項目のところで詳細を検討する。

G2-a2 「酒に溺れる?」 全7件

① 「我々の間では誰でも自分の欲する以上に酒を飲まず、人からしつこく勧められることもない。日本では非常にしつこく勧め合うので、ある者は嘔吐《おうと》し、また他の者は酔っ払う」
（ルイス・フロイス『日本覚書』）

② 「（家にやって来る人が）気に入った朋友だと、主人は酒を饗せんとし、……そうなると、来客は酒を口にせず帰ることはできない。客を厚遇し、彼をして痛飲せしむるため、唄、笛、三味線をもって特別な歓迎を示し、酣飲爛酔《かんいんらんすい》するに至る」
（フランシス・カロン『日本大王国志』）

③ 「（酒に溺れることは）習性になっている。熱しやすい気質の行き過ぎは日本人の欠点の一つ」「江戸中は日没以降は酔っ払いの天下」「外国人が出歩くことはまったく安全な場所ではない」
（ロバート・フォーチュン『江戸と北京』）

上記はG2-a2「酒に溺れる?」を証言している、とされるものである。他の外国人発言としては、アレッサンドロ・ヴァリニャーノ、エドゥアルド・スエンソン、ウィリアム・グリフィス、エリザ・シドモアがある。

7人の外国人は「酒に溺れる」と書いているが、日本人においても、これを抑制する生活をしていたことを示してみよう。まずは、武家の家訓には飲酒を抑制するものがある。その代表は本多正信の「壁書十箇条」であり、そこには「淫酒は早世の地形」とある。飲酒をすれば、早死にするとして、戒めている。小早川秀秋が淫酒で早世した、のを見てのことだったであろうか。

商家の家訓にも、飲酒を慎め、との家訓がある。古屋徳兵衛（甲斐）の家訓、小川家（名古屋）「水口屋店方定書」などである。それに、鯖田豊之によれば、西洋も近代より前は大酒飲みだったようだ（『世界のなかの日本』）。他国のことを言えたものではない。

G2-a3 「性的に淫らである？」（混浴している？） 全5件

①「私が見聞した異教徒の諸国の中では、この国が一番淫《みだ》ら、と思われた。婦人たちは胸を隠そうともせず、歩くたびに大股まで覗かせて、平気でいるし、男たちは前を半端なボロ布で隠しただけで出歩き、その装着具合を気にも留めないのである。しかも男も女も世間体も憚《はばか》らず、なんと混浴の銭湯に通っているのである。まったく彼等は慎みというものを知らなさ過ぎる。さらに、淫らな身振りや、春画、猥談《わいだん》はここの庶民たちの間では、日常茶飯事で、それも胸を悪くさせるほど、度を超している」

（サミュエル・ウィリアムズ『ペリー日本遠征随行記』）

②「公衆浴場では、男も女も、恥じることなく、同じ湯船に入っている。日本人は立派な民族と信じているが、どうしてこんな品の悪いことをするのか、まったく理解に苦しむ。しかも日本人はこうした露出によって、逆に慕る欲情が抑えられる、と言うのだ」

（タウンゼント・ハリス『日本滞在記』）

③「日本人は家の中でも路上でも、ほとんど裸で暮らす習慣を持っていて、誰一人それがデリカ

シーに欠ける行為だ、とは考えていない」（ハインリッヒ・シュリーマン『現代の中国と日本』）

G2-a4 「肉体的快楽に耽る？」（放蕩癖？） 全3件

① 「彼等はこれ（放蕩《ほうとう》）を罪だとは思わないので、放蕩を隠すどころか、自慢して公表したりする。彼等に罪悪心がないのは、仏教の僧侶たちが肉体的快楽を求めるのは罪悪ではなく、人間としてまったく自然な行為であり、美徳でさえある、と教えたからで、僧侶たちもこのような理由のもとに、ある程度の肉体的な欲望を満足させている」

（アレッサンドロ・ヴァリニャーノ『日本要録』）

② 「悪習らしい悪習は日本人には二つしかない。一つはサツキ（酒）にすぐ手を出すこと、もう一つはあまりに女好きなことである。が、これは上流階層、とりわけ政府と大名が抱えている無数のヤクニンと官僚の一群のみに言えることである」（エドゥアルド・スエンソン『日本素描』）

G2-a5 「男色に耽る？」 全4件

① 「僧侶は寺院の中に武士の少年を大勢置いて、読み書きを教えるかたわら、彼等と衆道の罪を犯している。それが習慣になっているので、一般の人々は自分がそれを好まないでも、その悪行を別に不思議とも思わない」

（フランシスコ・ザビエル『書簡』）

② 「村の街道に沿ってたくさん並ぶ家の中に、9軒か10軒の立派な店構えの家があり、その前に

10歳から12歳までの2、3人の少年たちが奇麗に着飾り、化粧して、きちんと一列に並んで座っていた。……彼等は婦人の姿をし、銭を払えば、神に背く嫌らしいやり方で、通りすがりの好色家の思いのままになった」

（エンゲルベルト・ケンペル『日本史』）

◎G2-a3、G2-a4、G2-a5について

上記の聖職者を中心とする西洋人の批判をどう解するべきか。性欲などをすべて否定すべきなのか。上記のように批判する西洋自身はどうなのか。ルネサンス輝くローマ法王庁においても、独身であるべき法皇自身が子供を数多くもうけたり、法王庁においても不倫や同性愛は当たり前で、売春婦も数多く出入りしていたのである。ひろく西洋社会を見渡しても、売春婦がおり、妾の制度もあり、同性愛もあり、といった状態であった。中世や近世では、世界的にこういった状態が当たり前であった。上記の批判者の多くがイエズス会の宣教師か、清教徒の倫理に厳しい者であっただけである。

それはそれとして、上記の日本の状態をどう解釈すべきであろうか。日本人を非禁欲主義者であった、と見なすのが一番妥当する。同説を主張する竹内靖雄の説を引用すれば、次のとおりである。すなわち、夫婦間の性行為を「正当な」ものと認め、それ以外の性行為を「遊興」の一種と見なした。すなわち男性の消費行動の一部であり、それを楽しむことは事情が許す限り、個人の自由に委ねられ、道徳的善悪を問題にするべき、ものとはされていなかった（『日本人の行動文法』）。

こう解釈することによって、G2-a3、G2-a4、G2-a5の批判や反証があるからと言っ

て、G「貪欲を嫌う」（足るを知る）を否定することにはならない、のである。G「貪欲を嫌う」（足るを知る）ということと、G2-a3、G2-a4、G2-a5とは両立しうるし、それで何等問題はない。

G3 「勤勉である」 全7件

①「日本人一般の気質として名誉を重んじ、自分が賤視されるのを嫌忌すること、外国人の比すべきところではない。事々物々、みな名誉・面目の念によって、拘束せられないことはない。したがって、彼等は一途に自分の職務に精励し、いかなる小事といえども、不当の行為に出ることはなく、またこれを口外しない」 （ジャン・クラッセ『日本教会史』）

②「勤勉さにおいて、日本人は大半の民族の群を抜いている。彼等の銅や金属製品は見事で、木製品は奇麗で長持ちする。その十分に鍛えられた刀剣と優美な漆器は、これまでに生み出し得た他のあらゆる製品を凌駕《りようが》するものである。農夫が自分の土地にかける熱心さと、その優れた耕作に費やす労苦は信じがたいほど大きい」 （カール・ツンベルク『旅行記』）

③「勤勉な農夫は自然の繁殖力と競う。驚嘆すべき勤勉努力によって火山の破壊力を克服して、山の斜面に階段状の畑を作り上げているが、これは注意深く手入れされた庭園と同じで――旅行者を驚かす千年の文化の成果である」 （フィリップ・シーボルト『日本』）

④「素晴らしく奇麗に整頓してあり、まったくよく耕作されており、風土に適した作物を豊富に

産出する。これはどこでも同じである。草ぼうぼうの〝怠け者の畑〟は日本には存在しない」

（イザベラ・バード『日本における未踏の地』）

上記はG3「勤勉である」を証する記録である。上記の他には、ワシーリイ・ゴロウニン、ラザフォード・オールコック、ウィリアム・クラークの証言がある。

勤勉という語には二通りの意味がある。一つは①真面目に働くということであり、もう一つは②真面目に勉強するということである。①の場合、勤労という言葉もある。ここで採り上げるのは①の勤労という意味の勤勉である。戦前の修身の教科書での勤勉は②の例が多く載っているが、①の意味で採り上げられているのは、伊予筒井村の作兵衛（昼間は田を耕し夜は草鞋《わらじ》を作る、下田《げでん》の荒れ地を耕し、自ら上田《じょうでん》として申告して租税を納付した）と伊勢屋吉兵衛（朝、人より早く起きて一働きし、夕方以降も他の者が仕事を終えた後も一仕事した）くらいである。②の意味で採り上げられているのは、伊能忠敬、渡辺崋山、二宮金次郎がある。

G3「勤勉である」（以降、勤労の意味で使用する）を表す諺・名言には、「仕事に励め」「人の三倍働け」「一所懸命」「勤勉は幸福の母」「刻苦勉励」「稼ぐに追いつく貧乏なし」などがあり、逆に勤勉でない場合を戒める諺としては、「怠けるな」「朝寝朝酒は貧乏の基」「一日の遅れは十日の遅れ」「貧乏ほど辛いものはない」「貧すれば鈍する」などがある。勤勉を規定した商家の家訓は枚挙に暇がないほどに多い。いちいち例示するのが面倒なほどである。

日本には勤勉が美徳である、との考えは昔からある。思想の面で、勤勉化に貢献した人としては、山本七平の研究によって有名になった、鈴木正三、石田梅岩、二宮尊徳らが挙げられる。その他では、江戸時代半ばの浄土真宗の変革により、それを実践した近江商人がある。

日本人がなぜ勤勉なのか。この解答としては、よく西洋と日本の労働観の差が指摘される。西洋の神話においては、労働が罰則として人間に課せられ、その結果労働することは生活のため最小限働くが、なるべく労働を避けるし、労働しないことが上層階層のステータスとなった。

それに対して、日本の神話では、神々も労働しており、そのことから労働が美徳であり、自らよく働いた人が成功したという伝統もあり、中小企業のトップ自らが汗水垂らして働くこともあり、一般に働くことが生きがい、という人も多い。

日本人がなぜ勤勉なのか。一番精緻に考察したのは増田義郎説ではないか。その説を紹介する。まず、従来からの説を検討して、退ける。一つには、貧しいからよく働く、という説がある。しかし、貧しくとも働かない民族はいくらでもいる。二つには、稲作農業の性質からよく働くようになった、という説がある。水田耕作ははるかに高度の集約性と労働力の集中（協同作業）を必要とする。田植えから稲刈りまで、草取り、その他労働が必要である。園耕型生活サイクルから、身を粉にして働く勤勉さが出る。しかし、稲作農耕をしているのに勤勉でない民族もいる。

次に、勤勉にプラスになった側面を検討する。一つには、明治になってから、指導者が、西洋列強に追いつけ、と葉っぱをかけたから、よく働く、という説がある。指導者の言うことを聞いて、サッと納得してよく働くようになった、という面はある。ここには民衆の反応の素早さがある。二つには、近世以降、農業生産者が社会的に完全把握（検地、戸籍化による）されて、異常に高い租税を押しつけられた。これにより、勤勉の規律と習慣が押しつけられた。

三つには、幕府は町人の奢侈《しゃし》を厳しく戒めた。それに対して、金のある町人には、「眼に見えないところに金のかかった」ひねっこびれた贅沢をするか、遊里での歓楽に財貨を消費するしか、道はなかった。具体的には、密かに金を貯める以外には、ほとんど無目的な行為となる。つまり「生活の豊かさを指向しない勤勉」となる。このようにして、西洋のような豊かさを目指す労働や勤勉は根付く余地はなくなる（『日本人が世界史と衝突したとき』）。

G3-a1 「怠惰である？」 全5件

① 「何もすることのない、何もしていない人々——その数は日本ではかなり多いのだが——そんな人たちは火鉢の周りにうずくまって、お茶を飲み、小さなキセルを吸い、……話をしたり、聞いたりしながら、長い時間を過ごすのである。彼等のうちの多くは、まだ東洋に住んだことのない西洋人には、考えもつかないほどに不精者である」（ルドルフ・リンダウ『日本周遊旅行』）

② 「ここ（大牟田）の炭鉱労働者たちは、工場の労働者と同じように、怠惰で、無頓着である。日本の労働者はほとんど至るところで、動作が鈍く、だらだらしている」

（アンドレ・ベルソール『日本の昼と夜』）

G3-a2　「時は金なりの概念なし?」（時間の浪費?）　全2件

①「目的地に着くずっと前から、日本人のやり方はアメリカと違うということ、また日本の生活はニューヨークの秒読みの生活とは大いに違うだろう、ということに気がついた。……日本ではなるほど集団が腹の立つほどゆっくり動く。10人の武士の旅というと、やたらと眠り、煙草は吹かす、茶は飲む、ぶらぶら時を過ごす、のが関の山である。……日本では、時は金ではなく、二束三文の値打ちもない、ことが分かった」

（ウィリアム・グリフィス『ミカドの帝国』）

◎G3-a1、G3-a2について

G3「勤勉である」の反証がG3-a1「怠惰である?」とG3-a2「時は金なりの概念なし?」（時間の浪費?）である。確かにこういった怠惰とか時間の浪費はあっただろう。もしそうであれば、G3「勤勉である」を突き崩すことになる。これをどう解釈すべきであろうか。

これらの批判の言辞が出されたのは19世紀の半ばである。その1世紀前から、イギリスにおいて工業革命が始まった。それらは他の西洋諸国に波及して、これらの言葉を呈するとき、これらの言葉を呈した人々の国々では、工業革命が起こり、それに伴う生活革命も始まっていたのである。例えば、工場に通うために、簡単に栄養ある食事のスタイル（砂糖入り紅茶などのイギリス風朝食）、工場に通うための鉄道網の発達、労働の対価の正確な支払のための時間給の制度、その流れの中で「時間厳守」という考え方が生まれてきた。タイム・イズ・マネーはそうして生じた。

怠惰とか、時間の浪費というのは、工業革命、産業革命の起こった国から、そうでない国への、投げ言葉である。そういう言葉を呈している人々の社会でも、以前はそうであったのだ。怠惰とか、時間の浪費というのは、工業革命、産業革命の起る以前の社会に共通に見られる現象である。敵対型文明、温和型文明、牧畜型文明、砂漠型文明、モンスーン型文明など、文明の型は関係ないのである。

残された疑問は、そうだとすると、工業革命の起こる以前の江戸時代では、全般的に怠惰とか、時間の浪費が支配的のはずだが、G３「勤勉である」との記述と整合性がとれないではないか、ということだろう。怠惰とか、時間の浪費が一般的であるはずの社会においても、勤勉であった日本社会の性格が特筆されねばならない。そうは言ったとしても、残る疑問は、一方で勤勉で、他方で怠惰、時間の浪費なのはなぜか、ということだろう。これは、どのような善良な国民にも犯罪者がいるし、どのような怠惰な国民にも勤勉な国民がいる、その濃淡の問題であろう。ともあれ、日本の江戸時代は怠惰、時間の浪費が当然と言える状況にあって、勤勉が支配的であった、世界的に稀な、素晴らしい社会であったのだ。

G３－１　「努力すれば報われると信じる」

これについては、明治末までの外国人による証言はない。しかし、現代においてはルース・ジャーマン・白石や呉善花がこれについて言及している。曰く、「努力する人がヒーローになれる国」（『やっぱりすごいよ、日本人』）、「小さなことをコツコツと積み上げていく……そうすれば必ず立派なものに仕上げることができる」（『日本人ほど個性と創造力の豊かな国民はいない』）。

Ｇ３-１「努力すれば報われると信じる」を体現する人物と言えば、伊能忠敬（50歳になってから天文学を修得した）、勝海舟（辞書が買えないので、辞書を借りてすべて写して、勉強した）、野口英世（学校教育を受けず、独学で医師試験に合格した）などであろうか。

諺・名言としては、「雨だれ石を穿《うが》つ」「牛の歩みも千里」「蟻の思いも天に届く」「努力に勝る天才なし」など。寺子屋の教科書としては、『実語教』に「貧賤の門を出ずるといえども、智ある人のためには、あたかも泥中の蓮のごとし」がある。

Ｇ３-２　「頑張る」

これについても、明治末までの外国人による証言はない。日本には「頑張る」という語があるが、それに対応する他国語はない。頑張るの意味としては、『大辞林』によれば、①あることを成し遂げようと、困難に耐えて努力する意味と、②自分の意見を強く押し通す、我を張るという意味がある。ここで採り上げるのは①の方である。

勤勉の場合、勤勉の①勤労と②勉強ともにであるが、あることを成し遂げようと努力することが「頑張る」である。ふつう労働における目的は、月給をもらうこと、生活費を稼ぐことであるが、それ以外に目的があって、普通の人以上に働くことが頑張りになる。例えば、「頑張って、同期よりも早く出世するぞ」「頑張って、課長になるぞ」「頑張って、上司から認められるようになるぞ」などなどである。

西洋などでは、労働者は与えられた職務しか働かないため、企業業績や社会全体の経済が伸びない。それに対して、日本の労働者には、こういう個人個人の頑張りがあり、企業総計として企業業績が伸び、社会総計として、日本経済が伸びる、ということなのであろう。

G4 「倹約する」 全3件

① 「ここに住んでいる人々は決して鳥を殺して食べたりせず、常食は野菜と米で、小麦も、魚も、リンゴも、そのほかの果物も、ここではすべて贅沢品になっている。このようにたいていの者は節約しているので、健康であるし、それに老人がたくさん目につく」

（フランシスコ・ザビエル『書簡』）

② 「吝嗇《りんしょく》と倹約とはとかくに混同しやすく、その加減を誤らないことは何人も困難とするところではあるが、日本人は最も巧にこれを判別し、倹約の美徳を十分に発揮している」

（カール・ツンベルク『旅行記』）

③ 「倹約は日本では最も尊重されるところである。それは将軍の宮殿だろうと、粗末な小屋の中だろうと、変わらず愛すべき美徳なのである。倹約というものは、貧しい者には自分の所有するわずかな物で満足を与え、富める者にはその富を度外れに派手に浪費させない。倹約のおかげで、他の国々に見られる飢饉《ききん》や物価暴騰と称する現象は見られず、またこんなにも人口の多い国

でありながら、どこにも生活困窮者や乞食《こじき》はほとんどいない」（カール・ツンベルク『旅行記』）

倹約を考察するときには、吝嗇《りんしょく》（ケチ）と倹約の区別が重要である。吝嗇（ケチ）とは何の目的もなく（盲目的に）、性格または信念ゆえに、出費を控えることであるが、倹約は将来の不意の出費に備えて、意識的に出費を控えることである。

G4「倹約する」を体現する人物としては、黒田官兵衛（普段は倹約に努め、ことあるとき例えば九州挙兵のときは、その金を使って傭兵を雇うなどして、家名を上げた）、徳川光圀（紙などを粗末にしない生き方を徹底させた）、徳川吉宗（倹約のため、大奥の美女50人を解雇した）、上杉鷹山《ようざん》（倹約の志を立て、反対者があろうとも貫き通し、藩財政を立て直した）、本多静六（4分の1天引き貯金をし続けた）などであろうか。

G4「倹約する」諺・名言としては、「入るを量りて出ずるを為す」「節倹質素は堡城《ほうじょう》のごとし、華美慢心は讐敵《しゅうてき》のごとし」（楠木正成）、「倹約は家を起こし、吝嗇《りんしょく》は家を倒す」（柳沢淇園《きえん》）、「人は言う、我が教え、倹約を専らにすと。倹約を専らとするにあらず、変に備えんがためなり」（二宮尊徳）、「節倹は自主の母」（西村茂樹）がある。

勤勉について家訓があるのは商家のみであったが、倹約については武家の家訓、商家の家訓ともにある。武家の家訓では、本多正信「壁書十箇条」、黒田長政「定書」、徳川宗春「尾張亜相宗春公家訓」が有名である。戦国時代を勝ち抜くにも、また泰平の江戸時代に長らえるにも、倹約が必要だった、ということだろう。

商家の家訓においては、勤勉についての規定よりも、倹約についての規定の方が多いくらいである。倹約についての規定のある家訓名称を列挙するだけでも1・2頁が要るくらいである。規定の定め方としては、勤勉の徳目の次に倹約を掲げているケース、前に掲げているケース、勤勉と倹約を同じ条項で掲げているケース、勤勉の項目がなく、倹約の項目のみを掲げているケースなど、さまざまである。

倹約を力説した思想家としては、石田梅岩と二宮尊徳がビッグツウであろう。石田梅岩にあっては、「倹約」は「正直《せいちょく》」とともに、二大柱をなしており、礼に適った実践が「倹約」と説き、物を有効に活かすことを説いている。二宮尊徳にあっては、「報徳仕法」の中の「分度《ぶんど》」が倹約に当たり、収入と支出の全体の計画の元での倹約を説いた。他には、大蔵永常が『民家育草』において、驕《おご》らず倹約を心がける者が家を保つ、と説いている。

G5 「質素である」 全16件

① 「日本人はたいそう貧乏ではあるが、武士にしても、平民にしても、貧乏を恥辱だと思っている者は一人もいない」
(フランシスコ・ザビエル『書簡』)
② 「貧困は人間をして数多の罪悪や賤しいことをさせるものであるが、日本人は強い廉恥心を有するので、極度の貧困を堪え忍ぶのである」
(アレッサンドロ・ヴァリニャーノ『日本要録』)

③「貧人はその持てる少なきものに満足することを知っている。富める者はその財宝を乱費して貧しき者を害し、良俗に反するようなことを決してしない」（カール・ツンベルク『旅行記』）

④「彼等の全生活に及んでいるように思える、このスパルタ的な習慣の簡素さの中には、称賛すべき、何物かがある。そして、彼等はそれを自ら誇っている。……確かにこれほど厳格であり、またこれほど広く、一般的に贅沢さが欠如していることは、すべての人々にごくわずかな物で生活することを可能ならしめ、各人に行動の自主性を保障している」（ラザフォード・オールコック『大君の都』）

⑤「貧乏人は存在するが、貧困なるものは存在しない」（バジル・チェンバレン『日本事物誌』）

上記の他には、アレッサンドロ・ヴァリニャーノ、アルノルドゥス・モンタヌス、セント・ジョン、タウンゼント・ハリス（2発言）、ヘンリー・ヒュースケン（2発言）、ウィレム・カッテンディーケ、アルジャーノン・ミットフォード、エドワード・モースの発言がある。上記はすべて、日本人の生活が質素である、ことを証言している。しかし、なぜ質素な生活で生きていけるのか、その理由はそれぞれ違っている。

以上は質素の一般的な記述であったが、具体的にどれほど質素であったのか。井上雅夫に添って記せば、次のとおりである。すなわち、西洋では、家具類については、食器棚、箪笥《たんす》、食卓、食器などを豪華なものにするのを競い合ってきた。それに対して日本では、それを競い合う習慣もなければ、実際豪華の物はない。西洋人から見れば、家具はないも同然であった（シュリーマン、モース）。

また食事についても、日本では量的に西洋人の半分以下であり、身分の高低、金のありなしにかかわらず、つましい。西洋人はその欲望の少なさ、簡素な洗練さに感嘆している（ゴロウニン、ハリス、モース、キャサリン・サンソム）。その他では、金持ちは競馬、狩猟、ヨット、猛獣狩りなどをしない（サンソム）し、天皇家も質素を旨とした（井上雅夫『日本人の忘れもの』）。

G5「質素である」を体現する人物としては、松尾芭蕉（質素な暮らしで、俳諧を芸術に高めた）、与謝蕪村（平凡な生活の中に美を求めた）、良寛（生涯を無一物で貫いた）、橘曙覧《あけみ》（市井の中で楽しく美しく生きた）、明治天皇（靴下を破れるまで使う。接ぎを当てないと承知しない。宮家の人々がヨーロッパへ行って、宝石を買ってくるのを、厳しく批判した）、乃木希典（清廉潔白さと慈悲の心を持っていた）、土光敏夫（毎朝目刺しを食していた）など。

諺・名言としては次がある。つまり、「人貧しきときは必ず信ありて、富み栄えぬれば、驕《おご》りて偽り多し」（藤原家良）、「人は己をつづまやかにし、驕《おご》りを退けて、財《たから》を持たず、世をむさぼらざらんぞ、いみじかるべき」（吉田兼好）、「節倹を守らんよりは、むしろ奢侈《しゃし》を禁ぜよ」（熊沢蕃山）、「いたましいかな、世の中の人、名利の酒に酔いて、終に正念なく、財宝の縄に繋がれて、一生自由ならず」（鉄眼）、「何によらず、物の少なきは長久のもとなり」（柳沢淇園《きえん》）。

商家の家訓にあっては、勤勉、倹約とともに質素は核の規定であったので、数が多い。一々の家訓名記述はあまりに煩雑なので、省略する。型があるので、それを記すと、贅沢を戒める家訓、質素を勧める家訓、両方を含む家訓が基本的なものだが、貧しいときのことを忘れるな、という家訓もある。

なぜ質素であったのか。G「道理に従う」の流れで来れば、G3「勤勉である」、G4「倹約する」、G5「質素である」となる。もっと具体的には、G3「勤勉である」最後の、なぜ勤勉になるのかの説明が、そのままなぜ質素なのか、の説明になっている。

G5-1「清貧という生き方」

「質素」と同様と考えられるものに、「清貧」がある。あるいはG5「質素である」の一変形として、G5-1「清貧という生き方」がある。これについての外国人の発言はない。外国人にとっては、質素も清貧も同様のことと感ぜられたのかもしれない。中野孝次『清貧の思想』とともに、にわかに注目され出した概念である。

清貧の意味としては、「貧しくはあっても、心や行いは気高く、清らかなこと」(『集英社国語辞典』)がフィットするが、提唱者・中野孝次の説明では、「ワーズワースの〝低く暮らし、高く思う〟という詩句のように、現世での生存は能う限り簡素にして、心を風雅の世界に遊ばせる」ことである。ここからは、①生活費を稼ぐことは人並みに(あるいはそれ以上に)可能であるが、②自らの意志でその道を選択せず、最低限の生活ができるくらいのレベルに落とし、③生活の全精力を自分が追求する価値ある文芸、芸術、宗教などに捧げる、④権力者や世間の人から独立し、誰からの妨害を受けることなく、自己実現を図る、この四つを満たす生き方である。

ここでは①と②が重要である。人並みの生活費を稼げない場合、たいていの人は自分の能力や境遇を嘆いて、③や④に行くことはない。この場合、単なる貧困者に陥ってしまう。日本には貧困者は数多くいたので、その人たちと区別する意味で、自分の意志で貧困を選ぶことには十分な意味がある。

G5-1「清貧という生き方」を体現する人物としては、中野孝次によれば、鴨長明（『方丈記』『発心集』で分かる）、吉田兼好（『徒然草』で分かる）、本阿弥妙秀、本阿弥光悦（空中斎光甫『本阿弥行状記』に詳しい）、松尾芭蕉（八十村《やそむら》路通編『芭蕉翁行状記』に詳しい）、池大雅、池玉瀾《ぎょくらん》（伴《ばん》蒿蹊《こうけい》『近世畸人伝《きじんでん》』に詳しい）、良寛（解良栄重《けらよししげ》『良寛禅師奇話』に詳しい）があり、同時代人の証言はないが、与謝蕪村、橘曙覧《あけみ》もそうである、と言う。別の研究者によれば、西行、一休もそうだとするし、他の人によれば、蕪村は俳句では芭蕉を崇めるが、生活面では見習っていないので、清貧ではない、と言う。

こういう生き方を西洋に求めれば、近いのはストア主義であろう。これは古代のギリシア・ローマにおける哲学の一つで、道徳説として禁欲主義を主張する。清貧という生き方との違いは、ストア主義が道徳的に生きるのに対して、「清貧という生き方」は芸術的に生きることである。

『清貧の思想』に対しては、二つの反論が出た。一つは、貧しい生き方と精神の満足とは関係しない、関係するとするのは「清貧論の罠」だ、とする（加藤尚武『現代人の倫理学』）。もう一つは、国民全体の生活力向上が一部の清貧者の生活を可能にさせるのであって、「清貧論の誤算」がある、とする（渡部昇一『混迷日本を糺《ただ》す事典』）。

『清貧の思想』が道徳論や経済論として正しい、と主張しているのであれば、確かに上記のように批判されねばならないが、道徳論や経済論を述べているのではない。日本の過去にはG5-1「清貧という生き方」をしていた一群の人たちがいて、その生き方は伝統になっていた、ことを単に伝えているのである。とすれば、質素を生きた人たちの中に、そういう人もいた、ということを、我々は重く受け止めなければならない。

G6 「秩序立っている」（社会的従順さ） 全5件

①「夫が妻を、親が子を、主人が召使いを殴ったり、罵倒《ばとう》することもない。だから、たとえ島流しに遭ったり、殺されたり、追放されることがあっても、すべては平穏と秩序のうちに行われる。よしんば不倶戴天《ふぐたいてん》の仇敵《きゅうてき》同士であっても、互いに微笑みを忘れず、礼儀を尽くすことが習慣である」（アレッサンドロ・ヴァリニャーノ『日本要録』）

②「いろいろ細かい、馬鹿げた規則が知らされた。日本の習慣だから仕方ないが、それにしても日本人は規則が大好きな民族である。下田から江戸へ行く旅の途中でも、毎日規則どおりに動かされるには、少々うんざりであった」（ヘンリー・ヒュースケン『日記』）

③「日本人は子供のように、父親のような専制君主によって、温和しく、礼儀正しく、教育されている。盗みもしなければ、摘まみ食いもしない。着物も汚さない。願い事すらあえて口に出さ

ない。いつも彼等は受け取ったものに満足している。外国人とお行儀よく握手し、外見から判断すると、まことに躾《しつけ》のよい子供たちである。彼等はほとんど悪いことができない。なぜなら常に注意深く監視されていて、どこに目を向けても、変更する余地のない死刑の告知板を目にするからである」

（ヘルマン・マロン『日本と中国』）

④「日本の社会秩序の基盤は従順さにあり、子供たちは家庭で絶対服従に慣れっこになっているので、教師が苦労せずとも、生徒は静かにしており、よく話を聞き、従順である」

（イザベラ・バード『日本における未踏の地』）

上記4件は、日本がG6「秩序立っている」（社会的従順さ）ことを証言している。ただ、何故に秩序立っているのかについては、それぞれ見解が違う。①のヴァリニャーノは、夫や親や主人が妻や子や召使いを殴ったりせず、優しく扱うからである、とする。②のヒュースケンは、規則づくめの社会だから、と見なす。③のマロンは、監視されているため、と見る。同様の見解をローレンス・オリファントが抱いていて、人々の相互監視で成り立っている、とする。④のバードは、国民的従順さにある、と見なす。

現代においても、このG6「秩序立っている」は変わっていない。特に、1911年の東日本大震災のときは、このことを世界に発信する絶好の好機となった。マーチン・バローはこのときの大混乱の中の「秩序」を、「車がクラクションを鳴らしたり、道路を占拠したりすることがまったくなかった」と表現し、これを「日本から学ぶべき10項目」の一つとした（ヘンリー・ストークス『世界に比類なき日本文化』）。

G6「秩序立っている」（社会的従順さ）を表す諺・名言としては、「国法を重んぜよ」「長いものには巻かれろ」「泣く子と地頭には勝てない」などがある。商家の家訓には、社会秩序に協力する旨の規定が設けられているものが多い。「法令の遵守」「諸法度の遵守」「御公儀第一」「店頭での秩序を守れ」などの文言となっている。

竹内靖雄は日本人の社会的従順さを次のように解説している。すなわち、ルールは民間で勝手に解釈すべきものではなく、何をしてよいかは最終的に「お上」の判断に委ねられる。日本人は状況を「与えられたものとして受け取り、受け入れる」ことを基本原則とする。日本人はいわば状況受容者(situation-taker)である。「お上の意向には逆らえない」というソシオグラマーが日本人の「統治されやすさ」を生み出している。権力、権限を持つ「お上」には逆らわないで、従うふりをするのが賢い、という処世訓がある（『日本人の行動文法』）。

G7 「忍耐力がある」 全13件

①「日本人は極めて忍耐強く、飢餓や寒気、また人間としてのあらゆる苦しみや不自由を堪え忍ぶ。それは最も身分の高い貴人の場合でも同様である。幼少のときから、これらあらゆる苦しみを甘受するよう、習慣づけて育てられているからである」

②「日本人は物に堪え忍ぶ驚くべき美質がある。飢渇《きかつ》寒暑に屈せず、倦怠《けんたい》しない」
（アレッサンドロ・ヴァリニャーノ『日本要録』）

③「下田を恐ろしい台風が襲った。湾内の船はほとんど全部岸に打ち上げられ、町も3分の1は破壊されてしまった。それなのに、日本人たちはまったく悲しまないのである。鳴き声、絶望、そんな姿はどこにもない。彼等は平気な様子で、受けた損害を修理するために、黙々と働いているのであった。その落ち着いた姿はまったく驚くばかりである」
（ジャン・クラッセ『日本教会史』）

④「（火災に遭った）横浜の日本人はあんな大火事に見舞われたのに、普段と変わらぬ陽気さや呑《のん》気《き》さを保っていた。彼等は不幸に襲われたことをいつまでも嘆いて、時間をムダにしたりしないみたいだ。持ち物すべてを失っても、受けた損害を取り戻すためだけに、全精力を集中している。……日本人の性格の中で異彩を放つのが、こうした不幸や廃墟を前にしたときに発揮される、勇気と沈着だ、と私は思う」
（ヘンリー・ヒュースケン『日記』）
（エドゥアルド・スエンソン『日本素描』）

上記はG7「忍耐力がある」の証言である。省いた他の証言としては、アレッサンドロ・ヴァリニャーノ、ジャン・クラッセ、カール・ツンベルク、ウィレム・カッテンディーケ、ラザフォード・オールコック、エドゥアルド・スエンソン、エルヴィン・ベルツ、ラフカディオ・ハーン、ラファエル・ケーベルの各発言がある。

G7「忍耐力がある」は現代においても、世界の絶賛資質として採り上げられている。「世界中の人たちに誇りたい日本人の気質」として、「クラクションの鳴らない日本」が、「日本人が知らない、日本の本当の強み」として、「我慢を我慢と思わず平常心を保つ強さ」が、紹介されている（ともにルース・ジャーマン・白石）。

G7「忍耐力がある」を体現する人物には、徳川家康（同盟・臣従する相手から何度も腸の煮えくり返ることを受けながら、堪え忍び最後に天下を取った）、木村重成（些細なことで無礼なことをされても怒らず堪え、これぞというときには勇気をもって大仕事をした）などがいる。諺・名言には、「辛抱する木に金がなる」「若い時の苦労は買うてでもせよ」「艱難《かんなん》に勝る教育なし」「艱難汝を玉にす」「可愛い子には旅をさせよ」「ならぬ堪忍、するが堪忍」がある。

忍耐せよとの家訓は、幾度の修羅場をくぐり抜け、我慢に我慢を重ねた武家の家訓に多い。徳川家康「東照宮御遺訓」、本多正信「壁書十箇条」、徳川光圀「光圀壁書」、鍋島直茂「直茂公御壁書」など。このうちの「人の一生は重荷を負うて、遠き道を行くがごとし。急ぐべからず。……堪忍は無事長久の基。……己を責めて、人を責むるな」（東照宮御遺訓）や、「人が悪口を言うのに逆らわず、自分が信頼されないことを反省せよ」（小河立所）、「人が咎《とが》めても咎めまい。人が怒っても怒るまい。怒りと欲を捨ててこそ、常に心は楽しむのだ」（熊沢蕃山）は、人生哲学としては、上の上である。

日本人に忍耐力がある原因としては、和辻哲郎が『風土』において指摘している。日本は序章で見たごとく、モンスーン型の風土であり、湿潤気候が大雨、暴風、洪水となって、人に襲いかかる。人々は対抗を断念し、忍従することに甘んじる。それが受容的、忍従的性格を生む。台風、地震、津波などの経験がこういう性格を形成した、と言えよう。

G8 「災害などのとき冷静沈着である」(わめかない) 全4件

① 「我々の間では、財産を失い、また家を焼くことに、大きな悲しみを表す。日本人はこれらすべてのことに、表面上は極めて軽く過ごす」
(ルイス・フロイス『日本覚書』)

② 「日本人は西洋人よりはるかにひどい被害を受けていたのに、すごい勇気と称賛すべき犠牲心、それに沈着さを発揮して、西洋人の貴重品を運び出す手伝いをしたそうだ。しかも日本人区には、家事から5・6週間で、まるで魔法のように、次から次へと家が地面から生えてきた。中にはすでに新しい家に移り、何ごともなかったかのように、暮らしている家族もあった。焼け落ちてしまった骨董《こっとう》通りの商店なんか、すぐに立派な店が新たに立てられて、届いたばかりの品で溢れていた」
(エドゥアルド・スエンソン『日本素描』)

③ 「(火事のとき) まず何よりも、比較的静粛なのに驚いた。わめき騒ぐ声もしなければ、女、子供の泣き叫ぶ声もせず、第一に連中の影すら見えなかった。彼等はちょうど家屋の取り片付けや取り壊しをやっていたが、まったく平然として、猛烈な火勢に耐えている、のに自分は驚嘆した」
(エルヴィン・ベルツ『日記など』)

これらはG8「災害などのとき冷静沈着である」(わめかない)を証言するものである。そのうち、①のフロイスは一般的記述であるが、②スエンソンと③のベルツは実際の災害の様子を目の当たりにしての、生々しいレポートである。どちらも火事による災害であったが、②は災害の5・6週間後、③は災害の当日である。③の災害当日では、わめき騒ぐ声もしなければ、女、子供の泣き叫ぶ声もしなかった、とある。これらの記述は道徳項目ではなく、心理項目であるが、G「道理に従う」の系であるので、ここで記述することになる。

日本人がG8「冷静沈着である」ことは2011年の東日本大震災によって証明された。そのことを多くの外国人が目撃し、書いている。マーチン・バローは「日本から学ぶべき10項目」を作り、その1番目に「穏やかさ＝号泣し、泣きわめく姿をまったく見ることがなかった。個人の悲しみを内に秘め、悲しみそのものを昇華させた」と記している(ヘンリー・ストークス『世界に比類なき日本文化』)。

一般に、大地震、大暴動などのとき、民衆がどういう行動を取るかについては、C6「自己の利益よりも公(他人の利益)を優先する」とF3-2「災害などのとき略奪しない」とで明らかにした。諸外国では、民衆は慌《あわ》てふためき、生命確保の方策を取った後、これ幸いとばかり略奪に動く。

なぜこのように冷静沈着なのであろうか。G7「忍耐力がある」で記した同じことが言えるであろう。モンスーン型風土による、受容的、忍従的性格、そこから冷静沈着さが形成された、と思われる。台風、地震、津波などの経験がこうさせた、とも言える。

G9　「清潔好きである」　全13件

①「服装、食事、その他すべてにおいて、極めて清潔であり、美しく、調和が保たれており、あたかも日本人のすべてが同一の学校で教育されたかのように、秩序と同じ生活態度が見られる」

（アレッサンドロ・ヴァリニャーノ『日本要録』）

②「清潔さは彼等の身体や衣服、家、飲食物、容器などから、一目瞭然である。彼等が風呂に入って身体を洗うのは、週1回などというものではなく、毎日熱い湯に入るのである。その湯はそれぞれの家に用意されており、また旅人のためにどの宿屋にも安い料金で用意されている」

（カール・ツンベルク『旅行記』）

③「人々もみな清潔だ。というのは、この町で一番よく見かける光景は、婦人たちが家の前、あるいは表通りに向かって開いた玄関先で、バスタブに入って、体を洗っている姿であるからだ。私は女性がこれほど清潔にしている国は他に見たことがない」

（ローレンス・オリファント『エルギン卿使節録』）

④「日本の大衆は世界で最も清潔である。日本人が風呂に入る習慣の魅力は、この国に居住する外国人のほとんどすべてがそれを採用している、という事実によって証明される」

（バジル・チェンバレン『日本事物誌』）

上記はG9「清潔好きである」の証言である。これらの記述は道徳項目ではなく、心理項目であるが、G「道理に従う」の系であるので、ここで記述することになる。上記以外で、G9「清潔好きである」ことを証言したものには、ドン・ロドリゴ、アルノルドゥス・モンタヌス、カール・ツンベルク、イワン・ゴンチャロフ、タウンゼント・ハリス、ラザフォード・オールコック、ハインリッヒ・シュリーマン、エドワード・モース（2発言）がある。

日本人が清潔好きで風呂好きなのは、神道における穢《けが》れを避け、身を清めることが影響している、という説が有力である。神社に参拝するときは、手水《ちょうず》で手を濯《すす》ぎ、身を清めなければならない。それで、家庭においては、風呂に入って、身を清めるという訳である。さらには日本には温泉が多く、温泉に行って湯に浸かることが、家庭でのお風呂に繋がった、との説もある。

G10 「町が奇麗である」 全2件

①「貧民区域ではあっても、キリスト教圏のすべての大都市に見られる、同類の貧民区域の、あの言いようのない不潔さと比較するならば、まだしも清潔な方である」

（エドワード・モース『日本の住まいとその周囲環境』）

②「この町（横浜）は際だって清潔であることを除けば、我が東洋の都市の一つである、と言ってもよい。路地の狭さ、家々の簡潔さ、住民たちの礼儀正しさ、道徳心といったものは、すべて東洋の都市になぞらえることができよう。それにしても、その清潔さには驚かずにはいられない。ゴミはおろか、チリ一つ見られない。……近所の奥さんや娘さんたちはせっせと家の外（中

ではない）のほこりを拭いていたものだった。ときには洗ってさえいるのを見かけた」
（アブデュルレシト・イブラヒム『イスラム世界』）

G9の言の中にも、家の部屋部屋は奇麗にされてある、といった記述はあるが、町のことに限定した証言としては、上記ということになる。「町が奇麗である」ことは道徳項目ではないが、Gの系列上の項目であるので、ここで記載する。

現代においても例えば、ラ・ピーナはこのことについて、大まか次のように語る。すなわち、日本のどの街も自分の家のように、奇麗に清掃されている。ゴミ箱がなくても捨てない文化がある。街にゴミが落ちていないのは、日本の小学校のシステムにあるのではないか。日本では生徒が掃除している。自分の身の回りは自分でキレイに――はほんとうに素晴らしい（『アイラブ東京』）。

世界が絶賛する日本人資質には、清潔好き、奇麗好きが上位に登場する。来日外国人に聞いた、日本に来て驚いたことには、町が綺麗というのが、あるアンケートでは1位であったり、別の調査では3位であったりする。ホテルマンによる国別観光客の評判では、ここ数年日本が世界一である、という。

町が奇麗なのは、C2-1「公徳心がある」（公衆道徳）、C6-2「自己だけが良い目をしない」という心が関係している。この心があるからこそ、自分の家以外の道路とか公の施設とかの清掃を行うことになるし、それらを汚してはいけないと思い、汚さないようになる。その結果が町全体の奇麗さに繋がる。

ちなみに敵対型文明の国では、そういう心がないから、町は汚くなる。自分の家は奇麗にするが、みんなのもの、共通のものは奇麗でなくてもよい、としてそこまで気を使わない。西洋の町では昔は、家々から街路へ汚物を投げ捨てていたのである。今では汚物をまき散らすということは、全世界的にも、ほぼなくなったであろうが、ゴミをまき散らすことはまだまだ改善されていない、ようだ。

第5章　名誉・勇敢・修養

H　名誉

H「名誉、面目を重んじる」全7件

①「貧乏な武士は、富裕な平民から、富豪と同じように尊敬されている。また、貧困の武士はいかなることがあろうとも、またいかなる財宝が眼前に積まれようとも、平民の者と結婚など決してしない。それによって自分の名誉が消えてしまう、と思っているからである。それで金銭よりも名誉を大切にしている」

（フランシスコ・ザビエル『書簡』）

②「日本人は全世界で最も面目と名誉を重んずる国民である、と思われる。すなわち、彼等は侮辱的な言葉は言うまでもなく、怒りを含んだ言葉を耐えることができない。……最も下級の職人や農夫と語るときでも、我等は礼節を尽くさねばならない。さもなくば、彼等はその無礼な言葉を堪え忍ぶことができず、……」

（アレッサンドロ・ヴァリニャーノ『日本要録』）

③「名誉を得たいという欲望がすこぶる盛んであるが、またあえて己の上長を敬することも忘れず、名誉のためには何事も犠牲にする」

（アルノルドゥス・モンタヌス『遣日使節紀行』）

④「日本人一般の気質として、名誉を重んじ、自分が賤視されているのを嫌忌すること、外国人の比すべきところではない。事々物々みな名誉面目の念によって拘束されないことはない」

（ジャン・クラッセ『日本教会史』）

これら7件はすべてH「名誉、面目を重んじる」を証するものである。この他には、フランシスコ・ザビエル（2発言）、ジョアン・ロドリゲスがある。この章で採り上げる徳目は前章までのものとはまっとく異なるものである。

まず、「名誉」とは何か。新渡戸稲造は『武士道』で語る。すなわち、「名誉の感覚は、人格の尊厳と価値について、生き生きと自覚することを含んでいる。それは自己の身分に伴う義務と特権を重んじることを、生まれながらにして知り、かつそのように教育されたサムライの特徴をなすものであった」。

「名誉」は別の語では、誇り、名、面目、外聞である。H「名誉、面目を重んじる」を表す諺・名言としては、「人の名誉を重んぜよ」「功成り名を遂《と》ぐ」「虎は死して皮を留め、人は死して名を残す」「金を惜しむな、名を惜しめ」「名に恥じぬ」「人は一代、名は末代」「名誉挽回《ばんかい》」などがある。反対表現としては、「名を汚す」「名誉毀損《きそん》」などがある。

名誉・面目について幼児の頃から教育されたものは何か。「名誉」とその反対概念たる「恥」についてであり、特に「恥」を忌避する感覚（廉恥心《れんち》）である。「名誉」の反対たる「恥」になりそうなことをすると、「笑われるぞ」「名を汚すぞ」「恥ずかしくないのか」と諭される。

そういう教育の一環で一つの目標になるのは、「名」を挙げて故郷に錦を飾ることである。少年のとき、自ら育った家を出て、学問修業に出るとか、商家に奉公に出るとか、の場合、少年は名を成すまでは再びその家の敷居を跨《また》ぐまい、と堅く心に誓うのである。送り出す母親の方も、名を挙げて故郷に錦を飾るまでは、少年に会おうともしなかった。それほど厳しい覚悟の上のことであった。

「名」を挙げて故郷に錦を飾るまで必要なのは、修業である。その修業にとり大事なことが堪忍つまり忍耐である。なぜ「名誉」の追求に忍耐が大切なのか。ちょっとした謎であるが、『武士道』によると、名誉の追求があまりに過敏になると、町人などのちょっとした振る舞いで、武士が名誉を傷つけられたとして、その町人を切り捨て御免ということになる。それを避けるには、堪忍、忍耐を積んで、人間を高める以外にはない訳である。堪忍、忍耐そのものについては、G7「忍耐力がある」で考察した。人間を高めることについては、J「教育で人格を養う」で考察する。

武士道における名誉は以上のようであったが、日本武士道における名誉の特性をまとめてみよう。①名誉は武士が備えるべき諸徳の中で最高のものである。②名誉は生命よりも重い。場合によっては、名誉を守るために生命を捨てる場合がある。③名誉のための行動基準は、名誉の反対徳目である「恥」を避けることにある。④第二の行動基準は、名誉を穢《けが》された場合、名誉回復に動く。それは穢した相手を斬るか、それができなければ自分が切腹することになる。⑤追求する名誉とは個人の尊厳であって、名誉欲を満足させる立身出世主義とか、名誉に酔いしれる俗物主義ではない。

なぜこのような名誉観が形成されたのであろうか。それには武士階級の成立や武士道の形成が関わっている、ものと思われる。その詳しいことは分かっていない。武士道における名誉観を実践するのは武士のみではあったが、町人などにもその理念は知られるようになった。明治になって、武士階級はなくなったが、軍人を中心にその理念は国民全体に広がった。現代において、上記の④は受け入れられないものの、その他については国民に受け入れられている。

H1「恥にならないように行動する」

H「名誉、面目を重んじる」の説明から、その行き着く先は、H1「恥にならないように行動する」であることが分かる。これについては、明治末までの外国人で指摘した者はいなかった。昭和に入って、ルース・ベネディクトが、これが日本文化の核だとばかり、大なたを振るった。

ここではベネディクトの理論を検討するよりは、比較的客観的と思われる竹内靖雄の「恥」論から説明する、のが妥当である。竹内靖雄によれば、「恥」とは、①「世間から嘲笑や軽蔑などを受けて、自分の評価が下がることで、プライドが傷つけられたときの感情」である。この状態に陥って傷つくことを「恥をかく」と言う。②このように「恥をかく」とは「自分自身に起因する失態などによって、他人の嘲笑、軽蔑を招くことであって、何か過ちや犯罪を犯して非難されることではない」。

③「恥をかく」という領域は、社会習俗での「失策、失態、へま、無知をさらけ出すこと、あるいは無知から来るマナー違反など」である（『日本人の行動文法』）。例えば、仏教の葬式で数珠を持ち忘れて参列する場合、大勢の前で話をするときに、上がってしまって、発言がしどろもどろになってしまった場合、などである。ここから分かることは、H1「恥にならないように行動する」ことは、道徳の領域ではなく、社会習俗の領域についてのことである。このことは非常に重要である。それで、H「名誉、面目を重んじる」の系として記すのである。

この場合に、なぜ日本人は「恥をかく」ことを避けようとするのであろうか。それには日本人の名誉観が関係している。H「名誉、面目を重んじる」という性質があれば、その当然の帰結として、H1「恥にならないように行動する」が結果する。また、もう一つの要因として、他の人と同じようにしたい、という横並び意識からそうさせる、とも言える。

H1「恥にならないように行動する」は、戦後直後にベネディクトが『菊と刀』の中で採り上げたのであった。ベネディクトによれば、日本文化は「恥の文化」であって、その基準は恥にならないように、その行為を避けることである。つまり世間の批判や状況を見て、自らの行動を決めるのであって、それは他律的、他者志向的であり、相対的なものである、とされる。それは「罪の文化」の自律的、内面的、絶対的と対極にある、とされる。

一見納得してしまいそうな理論に見えるが、よくよく検討してみると、ベネディクトがある誤りを犯していることが明らかとなる。それは日本人の行動に二つがあり、それらを一緒にして西洋の原理と比較していることである。それでは、その二つとは何か。それは上記の竹内靖雄の説明の中にある。②「何か過ちや犯罪を犯して非難されることではない」とある。つまり「恥をかく」というのは、上記の例のごとく、善悪の領域ではなく、社会習俗の領域であるのだ。日本人の行動は、というより人間一般の行動は、「善悪に関係する行動」と「社会習俗に関係する行動」の二段階がある。同様のことに気付いていた研究者は多くないが、確実にいる。例えば、「法による制裁」と「世間の制裁」、「善悪による非難」と「道義による非難」の区別を説いた森口兼二である（『自尊心の構造』）。

ベネディクトは日本人の「社会習俗に関係する行動」と西洋人の「善悪に関係する行動」を比較するという誤りを犯しているのである。西洋人の「善悪に関係する行動」には、日本人の「善悪に関係する行動」を対置しなければならない。ベネディクトは日本人の善悪に関係する行動が見えていなかったのか、意図して誤った比較を行ったのか、そのどちらかであろう。ベネディクトが『菊と刀』を書くよりも前の日本観はまともであった、との研究（長野晃子『「恥の文化」という神話』）からすると、後者であったろう。それはともかく、日本人の「善悪に関係する行動」に、西洋人の「善悪に関係する行動」を対置して、比較した一例が、本書F１「良心に従って判断する」である。つまり、日本人は社会習俗では、恥にならないように行動するが、純粋な道徳問題では、良心に従って行動するのである。

H2 「先祖の活躍、身分を誇りに思う」 全4件

①「有名な先祖の大功・偉業を記念する日本人は、そのため心の中にある種の勇猛心と名誉に対する願望を抱くのである」

（エンゲルベルト・ケンペル『日本史』）

②「日本人は幼児から祖先の英雄的な業績の数々の物語を聞き慣れており、また小さいときから、祖先の功績を記録してあるような書物を教わっている。また、その母の乳を飲みながら、名誉を陶酔的なまでに愛する心をも胸一杯に吸収して育っている……このような教育（名誉・誇りを伝承する）こそ、今も昔も英雄を育てるのである。このような教育が日本人をいっそう刺激して、……あの日本人の誇り高き気風が養われるようになったものである」

（アイザック・ティッシング『日本風俗図誌』）

③「日本人は自らの国民と国家を誇り、自らの威厳を重んじ、習慣や礼儀が要請する一切を無視されたり、拒否されたりするときには、非常な侮辱・無礼を受けたと感ずる」

（ラザフォード・オールコック『大君の都』）

上記の3人と省略したツンベルクはともに、日本人が祖先の英雄的な話を聞かされており、先祖の英雄的なことを誇りに思っている、ことを記している。これらは道徳ではなく、社会習俗のことであり、H「名誉、面目を重んじる」の当然の結果として表れるものであり、H「名誉、面目を重んじる」の系ということになる。

H3　「名誉・誇りを伝承する」　全2件

①「男児に読み書きを教える学校では、有名な偉人および気高く雄々しい行為で名を成した人々の書簡や伝記のほかは使用しない。こうして子供は早いときから、勇気、決断および生命の軽視を植え付けられる。大人たちが集うときは、主に先祖の大功を話題にし、その伝記に書かれたことを細かい状況まで思い起こし、感嘆し続ける。名誉、栄光を望むこと、酒に対する以上である」

（エンゲルベルト・ケンペル『日本史』）

②「日本人は幼少時から、先祖の英雄的な業績の数々の物語を聞き慣れており、また小さいときから、先祖の功績を記録してあるような書物を教わっている。また、その母の乳を飲みながら、名誉を陶酔的なまでに愛する心をも、胸一杯に吸収して、育っているので、戦争の技術もまた彼等の最も得意として勉強するところである」

（アイザック・ティッシング『日本風俗図誌』）

①のケンペルも②のティッシングもともに、先祖の英雄的行為を伝える書物を聞かされたり、学んだりして、名誉・誇りを伝承している、と伝えている。これらは道徳ではなく、社会習俗のことであり、H「名誉、面目を重んじる」の当然の結果として表れるものであり、H「名誉、面目を重んじる」の系ということになる。

◎H2とH3について

H2「先祖の活躍、身分を誇りに思う」とH3「名誉・誇りを伝承する」はいかに、なぜ生まれたのか。それはH「名誉、面目を重んじる」とH1「恥にならないように行動する」を子孫に伝えるためには、C5「子供を可愛がる」の一環としても、なさねばならないことであった。新渡戸稲造は『武士道』で述べる。すなわち、「少年の名誉心に訴えるのは、まるで母胎の中にいる間すら、名誉で育てられていたかのように、少年の心の最も敏感な部分に触れたのである」。

戦後日本にあっては、太平洋戦争への反省もあり、平和国家を目指していることもあって、「名誉」「勇敢」という徳を求めることは極めて少なくなった。「名誉」「勇敢」の事例を求めるとなれば、戦記物にならざるをえないが、それすらも少ない。太平洋戦争では、戦略としては間違いを犯したことがあったとしても、個々の戦闘では兵隊は名誉と勇敢を発揮し、大いに戦った。この先祖の活躍を子孫に伝えていかなければならない。C5「子供を可愛がる」、H2「先祖の活躍、身分を誇りに思う」、H3「名誉・誇りを伝承する」ことは、昭和後期以降はまるで途絶えてしまって、久しい。その伝統を復活する必要がある。平和国家にあって軍備が重要であるように、平和国家にあっても「名誉」「勇敢」という徳は絶対に必要である。

H4 「名誉のために自殺する」（命よりも名誉を重んじる） 全9件

① 「一方が他方を殺す場合に、仕掛けたものであろうと、強要されたものであろうと、道理があ

ろうと、なかろうと、逃げ出すことはほとんどない。その結果、かかることが彼等の上に起これば、他人から殺されるのは不名誉と考えて、彼等はそれ以前に自分で腹を切る。自分で生命を絶つことは名誉であり、勇気あることとして、他人から褒められる、と考えている」

（ジョアン・ロドリゲス『日本教会史』）

②「この国の女は世界で最も正直で、貞節であるから、結婚すると完全に信頼できる。もし信頼を裏切るようなことがあれば、彼女等は死をもって償う」

（アヴィラ・ヒロン『日本王国記』）

③「日本人の間では、汚名を被り、屈辱を受けた場合には、自殺するのが普通のことであるが、自殺をすれば、他の人から罰を受ける、という恥辱を避けることができ、またそれによって、子供は父の地位を相続する権利を認められるのである」

（アイザック・ティッシング『日本風俗図誌』）

④「ある場合には、自殺ということが、法律に十分代わるだけの力を持っている風習として、しばしば行われる、こと自体が、彼等が生命よりも名誉を重んじ、生命そのものの保持を最高の善と考えるような、低級な評価の仕方から隔たることほど遠い、ということを証拠だてている」

（ラザフォード・オールコック『大君の都』）

⑤「日本人は誇り高く、自尊心の強い性格で、侮辱に対して敏感、……この鋭敏すぎるほどの道義心が復讐《ふくしゅう》心に結びついて、ハラキルという名で知られる、異常なまでの、自己犠牲をなさしめるのである」

（エドゥアルド・スエンソン『日本素描』）

他には、アレッサンドロ・ヴァリニャーノ、フランソワ・カロン、カール・ツンベルク、アイザック・ティッシングの言がある。この9人はＨ４「名誉のために自殺する」ことを述べている。

Ｈ３「名誉のために自殺する」を体現する人物と言えば、日本史上では、枚挙に暇が無い状態である。例えば、長屋王（長屋王の変、切腹）、源頼政（宇治川の戦い、切腹）、今井兼平（瀬田の戦い、喉自刀）、二位尼（平清盛の妻、壇ノ浦の戦い、入水）、平知盛（壇ノ浦の戦い、入水）、平教経（壇ノ浦の戦い、入水）、源義経（衣川の戦い、切腹）、北条高時とその一族（鎌倉攻め、切腹）、楠木正成兄弟（湊川の戦い、切腹）、松永久秀（信貴山城攻め、切腹）、別所長治一族（三木城の戦い、切腹）、吉川経家（鳥取城の兵糧攻め、切腹）、武田勝頼（天目山の戦い、切腹）、織田信長と信忠（本能寺の変、切腹）、清水宗治（備中高松城の水攻め、切腹）、柴田勝家とお市の方（北ノ庄城攻め、切腹）、北条氏政と北条氏照（小田原城攻め、切腹）、大谷吉継（関ヶ原の戦い、切腹）など。

江戸時代以降では、淀君と豊臣秀頼（大坂夏の陣、切腹）、由井正雪（由比正雪の乱、切腹）、高山彦九郎（狂気ゆえ？、切腹）、大塩平八郎父子（大塩平八郎の乱、切腹）、渡辺崋山（蛮社の獄、切腹）、高野長英（蛮社の獄、切腹）、大原幽学（理由分からず、切腹）、調所広郷（密貿易暴露を受けて、服毒）、周布政之助（第一次長州征討時の混乱の責任を取る、切腹）、久坂玄瑞（禁門の変、切腹）、川路聖謨《としあきら》（官軍の江戸入城のとき、ピストル）、西郷隆盛（西南戦争、切腹）、阿南惟幾《これちか》（太平洋戦争、切腹）、三島由紀夫（自衛隊突入事件、切腹）、川端康成（理由分からず、ガス）などなど。

これだけでも、まだまだ漏れているだろう。

状況はさまざまである。ほとんどの場合は、戦いで自軍が敗れ、自らが敵軍の囚われの身になるのを不名誉と考え、その前に自死を選ぶ、というものである。他には、部下を生かすために自らが死に着いた例もある（清水宗治）。戦いを指導し負けた責任を取っての切腹もある（阿南惟幾）。

刑罰として名誉の切腹に処せられたのは、千利休（切腹）、豊臣秀次（切腹）、浅野長矩（切腹）、赤穂四十七士（切腹）などがある。赤穂四十七士の場合、直接的には刑罰としての切腹であるが、それを覚悟の上で討ち入りをした結果であるので、名誉のための自発的自死として見なせるであろう。なお、千利休は切腹していない、という説もある。

新渡戸『武士道』第12章「切腹」には、武士が罪を償い、過ちを詫び、恥を免れ、友を救い、自己の誠実を証明する行為である、旨の説明がある。腹を切るのは、そこが「魂の宿る場所」だからであり、腹を開いて見せ、自らの魂が汚れているか清いかを、相手に判断させる、という意味合いがある、と言う。

自殺の意味としては、一つは自己の名誉を守るためであり、もう一つは親族や子孫や家を守るために、自己が犠牲になる、ということである。後者の自己犠牲に着目して大著『自死の日本史』（原書1984年）を著したのがモーリス・パンゲである。ともあれ、自殺することは道徳ではなく、社会習俗のことであり、H「名誉、面目を重んじる」の当然の結果として表れるものであり、H「名誉、面目を重んじる」の系ということになる。

1 勇敢

ー「戦いで勇敢である」 全13件

①「日本人は中国人や朝鮮人あるいはフィリピンの、周囲にある、どこの国の国民よりも、最も勇敢で好戦的である」（ドン・ロドリゴ『日本見聞録』）

②「平常の言語動作においても、怯夫《きょうふ》と見侮られないことに注意して、危いことに臨む場合も恐れず、奮然として邁往する」（ジャン・クラッセ『日本教会史』）

③「有名な先祖の大功・偉業を記念する日本人は、そのため心の中に、ある種の勇猛心と名誉に対する願望を抱くのである。……男児に読み書きを教える学校では、有名な偉人および気高く雄々しい行為で名を成した人々の書簡や伝記のほかは使用しない。こうして子供は早いときから、勇気、決断および生命の軽視を植え付けられる」（エンゲルベルト・ケンペル『日本史』）

④「外人の侵攻を被むるときは、一国を挙げて勇敢なる抵抗を敢えてする」（カール・ツンベルク『旅行記』）

⑤「外見は極めて臆病だが、内心では勇猛」（ワシーリイ・ゴロウニン『手記』）

上記はI「戦いで勇敢である」の証言である。他には、フランシスコ・ザビエル、フランチェスコ・カールレッティ、ウイリアム・アダムズ、ジャン・クラッセ、エンゲルベルト・ケンペル、カール・ツンベルク（2発言）、ヘンドリック・ドゥーフの言がある。

I「戦いで勇敢である」を体現する人物としては、源頼朝（平家全盛のとき、伊豆で討ち死に覚悟で、わずか数百人で挙兵した）、木村重成（大坂の陣のとき、それまで臆病だと言われていたのに、獅子奮迅の働きをした）、高杉晋作（保守派が牛耳る長州において、保守派を倒すべく、わずか80人あまりで挙兵した）、柴五郎（北清事変のとき、義和団によって北京の西洋列強の公使館が攻撃される中、連合軍の救世主として戦い、公使館や居留地を死守した）がいる。諺・名言としては、「勇気凜々《りんりん》」「勇猛果敢」「義を見てせざるは勇なきなり」などがある。

日本人はなぜ勇気あるのか。H「名誉・面目を重んじる」との平衡関係で言えば、「名誉」の反対の「恥」を避けると同様に、「勇気」の反対の「臆病」を避けるためである。道徳と習俗の背景的に言えば、H「名誉、面目を重んじる」、H1「恥にならないように行動する」、H2「先祖の活躍、身分を誇りに思う」、H3「名誉・誇りを伝承する」があるがために、武士は不名誉を残さないように、必然的にI「戦いで勇敢である」とならざるをえない。

そのため、武士は具体的にはどのような鍛錬をしていたのであろうか。新渡戸稲造の『武士道』はそのような具体例の宝庫である。子供たちは処刑場、墓場、幽霊屋敷に出かけたり、まったく知らない人のところへ、何か伝言するようにやられたり、冬の寒い日に、日出前に起こされ、朝食も摂らず、裸足で師匠のところへ通って、素読の形を受けさせられたり、夜中に斬首刑のさらし首のところに行き、来たという印をつけて帰ってくる、というようなことをさせられた。

新渡戸によれば、勇敢な精神が定着すると、「平静」——心の落ち着きとなって現れる——は勇気の制止的な有様となる。逆に勇敢になるためには、平静心を養っておかなければならない。「沈着」「冷静」も同様である。

Ⅰ-a 「勇気胆略なし？」 全2件

① 「ずっと後世までも愛憎と尊蔑を伝え、代々復讐《ふくしゅう》心を受け継ぎ、敵意を絶やすことなく、死と破滅を相手側に与える、というような国民にして、戦時に勇気と決断がない、ということは信じがたいことである」

（エンゲルベルト・ケンペル『日本史』）

② 「日本人に欠けるところの一つの性質がある。それは勇気胆略これである。けれどもそれは彼等が長く泰平に慣れて、血を見ないこと久しく、政府もまた努めて平和政策を取ったことによるものである。その人民はもとより臆病なのではない」

（ワシーリイ・ゴロウニン『手記』）

上記はⅠ-a「勇気胆略なし？」の証言であり、Ⅰ「戦いで勇敢である」の反証である。どちらも江戸時代における観察なので、そうなったのである。戦国時代や幕末・明治時代を見れば、その意見は変わったのではなかろうか。

I1　「自決する勇気ある」　全2件

①「我々の間では、人が自殺をすることは最も重い罪とされている。日本人は戦争の際に、力の尽きたときは、腹を切ることが、勇敢なこととされている」（ルイス・フロイス『日本覚書』）

②「日本人は大胆または武勇と称すべき性質を持っている。ただし、ここにいわゆる武勇とは、敵の圧服するところとなったとき、敵のために加えられた陵辱《りようじよく》に報ゆる力がなかったときにおいて、自裁（自決）するという生命の軽視を言う」（エンゲルベルト・ケンペル『日本史』）

上記はI1「自決する勇気ある」の証言である。I1「自決する勇気ある」を体現する人物としては、H4「名誉のために自殺する」で挙げた事例が妥当する。ただし、刑罰としての切腹をした者はこの限りにあらず。

I1「自決する勇気ある」を生じさせるものは何であろうか。それは自決する「勇気」なし、つまり「臆病」、と思われたくない、自決せず「恥」をさらすという「不名誉」なことをしたくない、ということであろう。理念的には、H「名誉、面目を重んじる」、H1「恥にならないように行動する」、H2「先祖の活躍、身分を誇りに思う」、H3「名誉・誇りを伝承する」、H4「名誉のために自殺する」（命よりも名誉を重んじる）といったことすべてが関係している、と思われる。つまり、名誉を重んじる気風全体がこうさせるのである。

Ｉ2「死を前にしてジタバタしない」全1件

①「この気概と誇りから、意志の弱さや卑怯さを見せまい、とする気持ちがその人の心の中に生じ、裁きによってどのような種類の死を科せられようとも、死刑に処せられる場合には、女でさえ、むしろ大変な勇気を示す。そしてその場に居合わせた人々と数々の挨拶を交わし、彼等は死に臨んで、決然とした態度を示して、冷静な気持ちを表すのである」

（ジョアン・ロドリゲス『日本教会史』）

①のロドリゲスは、処刑現場を見たかのごとく、生々と処刑前の処刑者の落ち着いた態度・仕草などを語っている。Ｉ2「死を前にしてジタバタしない」を体現する人物としては、佐久間勉とその部下（潜水艦事故を起こした潜水艦内で、脱出に邁進せず、職務に忠実であることを優先した）が挙げられる。

なぜこういう態度でいられるのか。新渡戸稲造は『武士道』の「勇気」の章で次のように語っている。つまり、「危険や死の驚異に直面して、平静さを失わない者、例えば差し迫る危険の中にあって、詩を読み、死に直面して歌を口ずさむことができる者を、真に偉大な人物として賞賛する」としている。Ｉ「戦いで勇敢である」で記した、武士の子供のときの鍛錬、特に「勇敢」と「平静」ということがこうさせるのである。

I―3 「女性は貞淑である」 全3件

① 「貴婦人は夫の名誉を心がけ、きわめて貞淑である。家庭では機織、糸紡ぎ、針仕事をしている。彼女らは髪の長いことを誇りとし、髷《まげ》を結うことを喜ぶ」

（ジョルジェ・アルヴァレス「日本の諸事情に関するさらなる報告」）

② 「この国の女は世界で最も正直で、貞節であるから、結婚すると完全に信頼できる。もし信頼を裏切るようなことがあれば、彼女等は死をもって償う」 （アヴィラ・ヒロン『日本王国記』）

③ 「婦女子の貞操観念がどの国よりも高く、西洋のいくつかの国々より高い水準にある、ことはかなり確かである」 （ラファイエル・パンペリー『アメリカ・アジア横断』）

上記はI3「女性は貞淑である」を証明する言である。女性が貞淑であるのは、武家の場合において際立っている。そのところを新渡戸稲造の『武士道』は次のように記している。外国人のレポートによるG2-a3「性的に淫らである?」（混浴している?）のことを気にして、「貞操観念がないどころか、それこそは武士の女性の第一の美徳であり、生命そのもの以上に重んじられた」と説く。武家の女性の武器としては、二つがあった。一つは長刀《なぎなた》であり、それにより自分の身を守るとともに、「夫が主君の身を守るのと同様の熱心さをもって、純潔を守った」のである。もう一つは短刀であり、成人になれば与えられ、自分の身を守るとともに、自決用のものであった。この自決は、純潔を守れないとか、名誉を守るためとか、にするもので、万一のそのときのために、喉を刺す場合は、喉のどの部分に刺せばよいか、自決する場合の着物の帯の結び方はどうすればよいか、にまで心得ておかねばならなかった。

I3「貞淑である」を体現している人物として、『武士道』には次の話が記されている。すなわち、若い一人の娘が荒武者から乱暴されそうになったとき、まず戦いによって散り散りになった姉妹に手紙を書くことを許されれば、彼の言いなりになろう、と申し出た。手紙を書き終えると、その娘は近くにあった井戸に走り寄り、そこに身を投げて、自分の名誉を守った。

I3「貞淑である」が生じる原因としては、男にI「戦いで勇敢である」ことが求められるならば、その対比で女にはI3「貞淑である」ことが求められる。日本人の勇気の原因として、H「名誉、面目を重んじる」、H1「恥にならないように行動する」、H2「先祖の活躍、身分を誇りに思う」、H3「名誉・誇りを伝承する」があるならば、同様に女性はI3「貞淑である」ことにならざるをえない。

J 修養

J 「教育で人格を養う」（修養、教養） 全3件

① 「我々オランダ人の場合におけると同様、日本人の間でも、起居や身体を上品にすることは、

やはり人間の教養を養う教育に必要欠くべからざること、と考えられている」

（アイザック・ティッシング『日本風俗図誌』）

②「この民族はヨーロッパ人と比較しなければ、かなり進歩していて、応対も気持ちよく、また独特の教養は極めて注目すべきものがある」

（イワン・ゴンチャロフ『日本渡航記』）

③「日本のサムライはずいぶんと高度の教育を受けていた。……その教育はただ試験に合格するとか、金儲けに役立つ、といったことを目的にしたものではなく、人格を陶冶《とうや》することにあった」

（ヘンリー・ダイアー『大日本』）

上記はJ「教育で人格を養う」の証言である。明治末以降では、李登輝は次のように述べている。すなわち、「アメリカでも高等教育を受けたが、精神面ではあまり役に立った、とは言えない。アメリカの教育は現象を捉えるだけの表面的なものであった。根本的に教養を養い、精神的な価値を考えさせられたのは、日本の教育のおかげである」（『李登輝より日本へ送る言葉』）。同様のことを石黒マリーローズは、「小学校で勉強だけでなくマナーを学ぶ」と言っている（『日本だから感じる88の幸せ』）。

矢作直樹によれば、日本の教育で、知識だけでなく、人間全体を教育することは、海外ではある程度知られている。人格教育レベルの高さがあるので、アジアでの日本留学熱が高い。日本の道徳は宗教色がないから、しかも全人格的教育であるから、評価が高いのである（『日本人のお役目』）。

これらから分かるとおり、日本での教養とか教育とかは、単に知識を習得するだけでなく、それを通じて人間修養すること、人格を陶冶することであった。これらに関連して、「修養」「修行」「教養」という言葉がある。それらの違いは何であろうか。「修養」は大きな意味であり、その中に行動面を鍛えて、高い状態に達しようとするのはA「修業」であり、知識面を鍛えて幅広い知識の習得を目指すのはB「教養」である。それらを含め、包括的に努力して、人間としてある上の状態になろうとするのがC「修養」である。それをしなければ、その状態に達し得ない、のである。

その「修養」を階級挙げて実践していたのが、江戸時代の武士階級であった。平和な時代にあって、武士におけるレーゾンデートルとして、人間として立派であること、被支配階級をリードする人間であることが要請された。そこで学問を中心に精神を磨く。A8「寛容、共生」の心があるので、あらゆる学問と宗教が心を磨くための「磨き砂」となる。「いい教えを用いて自分の心を磨けばいいんだ」となる（渡部昇一『日本人の品格』）。このことを武士思想家の中で強調したのは山鹿素行である。

日本にはそうした「修養」「修業」は古くから存在したが、西洋や中近東などにはそういったものはなさそうである。その証拠に、ルース・ベネディクトの『菊と刀』には、「修養」という章がある。西洋には修養はなく、日本にはそれがあるから、わざわざ章立てして、それを究めよう（貶めよう）としているのである。西洋では、学術を究めるために、いろいろ努力することはある。専門職になるために、研鑽《けんさん》を積む、ということはある。マイスターになるべく、技能を磨く、ということはある。知識や技術を進化させるべく努力をしているが、それによって人間自体を高める、という考えはない。

「修養」「修業」は日本だけであろうか。インドや中国にもあるのでないか。上座部仏教では仏教に入ることが修業である。その意味で東南アジアでの上座部仏教の地域では、国民の大半は一生に一度仏門に入り、その期間だけは仏陀になるべく修業をする。中国などでの大乗仏教地域では、大衆が修業することはなく、仏僧は各宗派のやり方に則って修業する。現代の中国では、度重なる戦乱や革命によって、大乗仏教の痕跡はほとんどない。

中国で問題となるのは儒教の方で、科挙の試験に合格するために、儒教の古典を学ぶ修業をした。しかも古典を学ぶことで、人間を高めるという修養の要素もあった、のである。しかし、それも過去のことである。他方の道教には、宗教的儀式の要素が多く、修業的要素は少ない。こういうこともあり中国では、19世紀末から20世紀末まで、約1世紀の混乱を経て、修業とか道徳の要素はことごとく失われ、原色の、欲望丸出しの人間が存するのみとなった。これは修業とか道徳を廃絶させた、一つの人類の実験「社会主義の実現」の結果である。

日本では、仏教各派における仏僧の修業、山岳仏教の山伏の修業、自力仏教たる禅宗各派での修業の伝統があり、そこから学問や剣術や芸能などでは、師匠の元での弟子の修業が行われ、さらには物の売り買いの商業や物を造る職人世界においても、修業が意識されてきた。また、儒教の古典を学ぶという儒学の伝統から、人間を高める修養も意識して行われてきた。

西洋においては近代になって初めて、ドイツ観念論を中心に、「自我」の自覚と「人格」ということが意識され、「人格の向上」ということも言われ出した。日本には「自我」とか「人格」とか「人格の向上」とか、という概念はなかったものの、その意味するところのものは昔からあったのである。

この修養の項目の最後で、またもベネディクトの『菊と刀』での修養観について記さねばならない。同書の第11章「修養」において、日本人にとっての修養は上記のとおりであるにかかわらず、ベネディクトは修養をねじ曲げて、日本人に良心がないことの原因として、修養を断罪する。禅における修業を、鈴木大拙の言葉を引用しながら、修業の過程の心理の分析から、故意にその要素を他の要素に置き換えることによって、そこから良心のない自我が誕生し、それが特攻隊の自己犠牲的行動に繋がる、と結論づける。

長野晃子の考えに添って言えば、ベネディクトの説明では、日本人が目指す「無我」や「死んだつもりになって生きる」を実践することにより、「傍観者の自分」や「障害となる自分」を取り除き、それが「良心」を失わせることになる。ここに「見ている自分」と「見ている他人」をすり替えること、「剣道など善悪と無関係の行為」と「是非を判断する＝善悪に関わる行為」をすり替えること、の二つのトリックが行われている。これによって、日本人の解釈では、「無我」や「死んだつもりになって生きる」において、良心を失うことはありえないのだが、それが骨抜きにされてしまうのである。

ここに学問する人にとってはすべきでない、「悪意ある操作」が現存するのである。まさに日本を貶めようとする魂胆丸出しである。これが学問と言えるのか。こういうことを本人は後ろめたい、と思っていたのであろう。後に、弟子には『菊と刀』を読まない方がよい、と語ったとか。

日本人の感覚では、修業・修養することによって、良心がなくなることはありえないが、修業・修養の伝統のない西洋文明の人にとっては、どうにでも改変できる代物になるのだ。その説明は一度読んだだけでは、そういうトリックが潜んでいたのか、気付くには難しい。それを見事に見破り、解明したのは、長野晃子『「恥の文化」という神話』である。『菊と刀』を読む場合は、合わせて『「恥の文化」という神話』を読むべきである。

J1「教養を見せびらかさない」 全1件

① 「端正、礼儀作法と上品、心からの親切、誠実、誇りの影さえ見せぬ、慎ましやかな教養などは、お丈夫な老侯にも、子供たちや婦人たちにも現れていた――要するにこれらすべては教養ある西洋人の尊敬に値する特性である」

（フィリップ・シーボルト『日本』）

①のシーボルトは、西洋の教養ある人が有する資質を、日本人も持っている、と語っている。その資質の中に慎ましやかな教養がある。つまりはJ1「教養を見せびらかさない」ということである。

これはC6-1「自己の優位を示さない」の一変形であるとも考えられる。教養を見せびらかすと、自分が高く、他の人は低いことになり、他の人を傷つけることになる。そこには他者への思いやりがある。A10「謙譲である」の心とも言える。

J2 「性格の芯の強さ」 全1件

①「（明治維新以来の日本の西洋化がうまくいくか、西洋人は疑ったが、それは次のことを理解していないからであった。）一つは日本人の性格の芯の強さであり、この特殊な民族は古くから学問教育を連綿として続けており、新しい光に直面しても眼が眩《くら》むようなことはなかったのである。第二の点は歴史上の数多くの事例を一つ加えることになるのだが、偉大なる歴史上の変化というものは、決して一朝一夕に起こるものではない。そして過去にしっかりと根を張っている国民のみが、将来において花を咲かせ、果実を結ぶことを期待できるのである。このことを日本の場合も立証している」

（バジル・チェンバレン『日本事物誌』）

J3 「趣味の良さ」 全1件

①「日本人は平凡な庶民階級に至るまで、なんとまあ、趣味を解することだろう。我が家の庭師はもちろん名のある男だが、庭園に小さな丘をこしらえ、岩石と植物の群れで、実に好みよく飾ってくれたので、いつも見る度に楽しんでいる」

（エルヴィン・ベルツ『日記など』）

Ｊ４「知れば知るほど美点が分かる」全１件

①「私と日本人との間を隔てていた堅氷が融け、生徒たちから信頼を受けている、と確信するようになってからは、私はますます深く、この善良な国民の内側を知ることができるようになった。よく西洋人は日本に長くいる人ほど、日本人のことを良く言う、と言うが、彼等は本当に、よく知れば知るほど、美点が現れてくる国民だった」

（ウィレム・カッテンディーケ『日記からの抄録』）

◎Ｊ１、Ｊ２、Ｊ３、Ｊ４の意味

Ｊ２「性格の芯の強さ」は心理的項目であり、Ｊ３「趣味の良さ」とＪ４「知れば知るほど美点が分かる」は好みの問題であり、決して道徳的項目ではないが、いずれもＪ「教育で人格を養う」（修養、教養）の系として生ずるものなのである。

Ｊ１「教養を見せびらかさない」、Ｊ２「性格の芯の強さ」、Ｊ３「趣味の良さ」、Ｊ４「知れば知るほど美点が分かる」は、日本文明における文化の質を言い当てている、と思われる。Ｊ１「教養をみせびらかさない」、Ｊ２「性格の芯の強さ」、Ｊ３「趣味の良さ」、Ｊ４「知れば知るほど美点が分かる」は、Ｊ「教育で人格を養う」の伝統があればこそ、醸し出される性質である。それであればこそ、日本文化の奥深さが出て、外国人をして魅力として思わしめるのである。

終章　日本道徳・習俗の分析

1　日本道徳の構造

徳目間の関係

本章では、今まで考察してきた日本の道徳とその関連の習俗についての取りまとめに取りかかりたい。まず初めに道徳の各徳目間の関連を見ておきたい。今まで、道徳の徳目として、Aから始まりJで終わる、計10の徳目群を挙げてきた。これらは大まかに三つのグループに分類することが可能である。

第一のグループは、第1章から第3章まで、つまりAからFまでの徳目群である。これらの徳目群は、序章で説明した温和型文明とモンスーン型文明の両方の要素を原因にして発生する、と考えられる。二つの要因のうち、どちらがより強く影響しているか、となれば、温和型の方である。基本的に外国からの侵攻ない上に、農耕生活が加わって、A「温和である」という基本性格が出来上がり、そこからB「感情・考えを表さない」やC「思いやりがある」が形成され、C「思いやりがある」から、D「礼儀正しい」、E「正直である」、F「善良である」が生まれる。これらの徳目群の影響の関連図は次のとおりである。

外国からの侵攻なし＋日本型農耕生活
→A「温和である」
→B「感情・考えを表さない」
→C「思いやりがある」
→D「礼儀正しい」
→E「正直である」
→F「善良である」

第二のグループは、第4章の徳目群、つまりG関連の徳目群である。こちらはモンスーン型の要素を原因にして発生する、と考えられる。ここでは、農耕生活が基本で、そこに状況によっては、＋αの要素が加わって、G「道理に従う」が生じる、と考えられる。そこからG1からG10までの諸徳が、各々の特殊性（↑で表示）によって、生じる。これらの徳目群の影響の関連図は次のとおりである。

日本型農耕生活＋α

→集団行動、横並び主義、平等主義、自由である

→共同体、隣人愛、集団生活

→G「道理に従う」

- →G1「中庸を好む」
- →G2「貪欲を嫌う」
- →C3「勤勉である」↑神話、歴史
- →G4「倹約する」
- →G5「質素である」
- →G6「秩序立っている」
- →G7「忍耐力ある」↑火事、地震、噴火の経験
- →G8「沈着冷静である」↑火事、地震、噴火の経験
- →G9「清潔好きである」↑神道、温泉
- →G10「町が奇麗である」↑「公徳心」「自己だけが良い目をしない」

第三のグループは、第5章の徳目群であり、H「名誉を重んじる」、I「勇敢・貞淑である」、J

「人間修養する」がある。これらは第一グループでもなく、第二グループでもない、第三の独立徳目である。これらは温和型にも、モンスーン型にも影響されず、はっきりした原因は究明されていない。このうち、J「人間修養する」には東洋思想の影響が見られる。

次にグループ、群の文明上の意義、位置を浮かび上がらせてみよう。まず第一に、全徳目群10のうち温和型文明に基づくものが6ある。ここから日本道徳の根幹は温和型文明に基づく、と言える。第二に、世界が絶賛していると思われる徳目（各章のアンケートで、素晴らしいこと、驚いたこと、で多くの票を獲得したもの）の数は、A「温和である」、B「感情・考えを表さない」群では1つあり、C「思いやりがある」、D「礼儀正しい」群では7つ、E「正直である」、F「善良である」群では3つ、G「道理に従う」では1つ、その他で0であり、圧倒的にC「思いやりがある」、D「礼儀正しい」群に関するものが多い。つまり温和型文明に由来する項目が諸外国から絶賛を浴びているのである。諸外国にはそのような徳目資質がないからである。農耕型文明に基づく徳目資質で絶賛されるのは少ない。こういうことからも、日本文明の日本らしさを形作っているのは温和型文明である、と言えるのである。

ちなみに同じ温和型に由来するグループのうち、A「温厚・温和である」、B「感情・考えを表さない」群については、敵対型文明人からは、最も理解できない徳目群である、として捉えられ、場合によっては誤解されるか、軽蔑され、下等評価されねかねない徳目群である。

二大プリンシプル

徳目の最後に言わなければならないのは、日本人の「ノープリンシプル」ということについてである。敵対型文明人のように、自己の主張をハッキリと打ち出さないことから、日本人は「ノープリンシプル」「原理原則がない」と一部では言われてきたが、これは明らかな間違いである。

本書で提示しているごとく、日本人のプリンシプル（行動原理）はAからJまで計10にもなるのである。そのうちのAからFまでのものは、A2「トラブルを回避する」（グレゴリー・クラークの言う「人間関係社会」の原理、原聰の言う「人間関係本位主義」）ということに集約できるかもしれない。その中心的なプリンシプルはA8「寛容」とC「思いやり」であろう。温和型文明の代表的プリンシプルはA2「トラブルを回避する」であり、そのプリンシプルの実践の結果、日本は長らく温和な、平和な社会を築いてきたのである。

もう一つのプリンシプルはG「道理に従う」（原聰の言う「現世主義」）であろう。この中で代表的なプリンシプルはG3「勤勉である」とG7「忍耐力ある」であろう。これがあるからこそ、地震、津波、台風などの災害や戦火から素早く復興し、健全な社会を築いてきたのである。

語られなかった「和」のこと

今まで検討してきたのは、西洋人などが遺した日本についての記録である。それもテーマとしては、道徳をメインとし、それに関連する社会習俗、社会状態をサブとしてきた。それでほとんどの日本の道徳その他の特性が明らかになった。しかし、完全ではない。彼等が気付かなかったこと、語らなかったことがある。

日本道徳、日本文明と言えば、「和」が第一に挙げられるべきものであるが、それが語られることはなかった。それはなぜか。それは「和」というものが複雑な要素から成り立っていて、そう簡単に外部から観察できるものではなかった、からである。

「和」が成り立つ前提としては、①「異質の存在」がある。国民全体が同質だと言っても、国民一人一人の気質や性格や身分や立場が異なっている。それらの人々を束ねようとなると、それらの違いを認識し、それを前提とせねばならない。次に、②「寛容さ」がなければならない。①の「異質の存在」を受け入れるには、A8「相手の要求を極力受け入れる」精神が必要である。次いでは、③「争いの忌避」（対立の回避）が要求される。それにはA2「トラブルを回避する」の精神がピッタリである。

次いでは、④「異質の存在」「寛容さ」「争いの忌避」さらには「協同作業」の確認作業が必要である。それには、「命令」「服従」ではなく、「相談」「納得」の意志決定が欠かせない。ここには独裁者や強力な指導者は不要であり、調整型リーダーが要請される。そして大衆にはG6「秩序立っている」（社会的従順さ）が必須となる。その結果、⑤「協同作業」が可能となる。「協力」と「結束」の行動である。チームワークの成果が期待できる。その結果、⑥「異質の共存共栄」「統一目標への協同」「人並みの平等意識」「調和と共生」が可能となるのである。

ここに「十七条憲法」の第1条（以和為貴の章）と第17条（不可独断の章）で規定された理想が実現できるのである。前章までに特定してきた徳目・特性のうち、A8「相手の要求を極力受け入れる」、A2「トラブルを回避する」、G6「秩序立っている」はすでに「和」成立のための必要条件を用意していたのである。「和」とはこれらを総合した複雑な構造の上に組み立てられるものであっただけに、外国人には一見しての解読は無理でもあった。

ベネディクト理論の間違い

第1章から第5章までの中、ルース・ベネディクト『菊と刀』（原書1946年）理論を批判してきた。論じた具体的箇所としては、E2-1「義理を感じる」、E5「恩に感じる」、F1「良心に従って判断する」、H1「恥にならないように行動する」、J「教養で人格を養う」などに及ぶ。批判の内容は各所において確認を願う。

ベネディクト理論は太平洋戦争に勝利したアメリカが、敵国・日本を永遠に立ち直らせないように、精神的に日本を貶めるため、理論作りをしたものであった。

ベネディクト理論のそうした意図と内容を読み取り、批判した研究者としては、柳田国男、津田左右吉、和辻哲郎を初め、鶴見和子「菊と刀のくに」、櫻井庄太郎『恩と義理』、作田啓一『恥の文化再考』、木村敏『人と人との間』、会田雄次『日本人の意識構造』、南博『日本人論の系譜』、森三樹三郎

『「名」と「恥」の文化』、森口兼二『自尊心の構造』、竹内靖雄『日本人の行動文法』、内沼幸雄『対人恐怖の心理』、黄文雄『歴史から消された日本人の美徳』、中西輝政『日本人としてこれだけは知っておきたいこと』、長野晃子『「恥の文化」という神話』、施光恒『本当に日本人は流されやすいのか』などがある。分析の鋭い研究者はほとんど、ベネディクトの理論はおかしい、と見なしていることが分かる。

2 日本道徳・習俗の特性

日本人特性の長所論

今まで外国人が語る日本道徳とその関連習俗を見てきたが、ここで道徳を中心とした日本人の特性を、外国人の記録などから抽出してみよう。まずは、長所から。最初に日本人の長所を体系的に分析したのは、アレッサンドロ・ヴァリニャーノとバジル・チェンバレンであった。二人とも体系的であるとしたのは、長所項目を複数挙げたこと、単に長所を挙げただけでなく、短所をも論じていたからである。

ヴァリニャーノはその著『日本要録』で、日本人の長所として4点挙げている。それは、①忍耐強い、②感情を外部に示さず忿怒《ふんぬ》の情を抑制する、③交際において、用意周到で、思慮深く、感情に走らない、④服装・食事などすべてが清潔で調和している、であった。

もう一人のチェンバレンは『日本事物誌』において、日本人の三大長所として、次を指摘する。すなわち、①清潔さ、②親切さ、③洗練された芸術的趣味である。その他、日本人の長所を指摘した人は数多くあり、いちいち記述できないほどである。長所を記述したステートメントは短所を記述したものよりも、何倍も多い。

日本人特性の短所論

次に短所であるが、体系的分析ということでは、上記のヴァリニャーノ、チェンバレンに加えるに、ザビエルがある。まず、日本人の三大罪悪を記したのはザビエルである。その『書簡』において、①全能の神を信じないで、悪魔を拝むこと、②男色の悪習に親しんでいること、③堕胎、間引きを行うこと、を挙げている。

次に、長所をも記したヴァリニャーノが、同じ『日本要録』で、日本人の五大罪悪を論じた。すなわち、①色欲上の罪に耽る（性道徳の乱れ、男色）、②主君に対して忠誠心を欠いている（都合のよい機会に主君を簡単に裏切ったり、反転して再び味方についたりする、節操のなさ、忠誠心の欠如）、③欺瞞《ぎまん》と虚構に満ち、嘘を言う（欺瞞や虚構を平気で装って、怪しまないこと、偽りを装う）、④軽々しく人を殺す（残忍に赤子を間引いたり、人を殺したりすること、簡単に人を殺す）、⑤飲酒、祝祭、饗宴に溺れすぎること（飲酒・過食の宴）である。これらの大半のバリニャーノの勘違いと言うか、時代的制約と言うか、留保すべきことについては、各章において記述しているので、参照願いたい。

もう一人の体系的分析家チェンバレンは『日本事物誌』で、日本人の三大短所を記述している。それは、①国家的虚栄心、②非能率的習性、③抽象的概念を理解する能力のなさである。

長所・短所の並立論

次に、長所と短所、相矛盾する事項の比較記述をしている者もいる。序章の中、敵対型文明人が温和型文明人を眺めた場合」で述べた「あべこべ」「さかさま」の延長上の手法である。一人はケンペルである。ケンペル曰く。「彼等は慎み深く、よく苦痛に耐え、礼儀正しく、勤勉であるのみならず、清潔で、芸術を理解し、手先が起用である。かと思うと、誇りがいたずらに高く、野心的で、残忍、非常なところがあり、情熱の赴くままに行動し、復讐心が強い」(『日本史』)。

もう一人はベネディクトである。ベネディクトは述べる。つまり「日本人は最高度に喧嘩好きであるとともに、温和しく、軍国主義的であるとともに、耽美的であり、不遜であるとともに、礼儀正しく、頑固であるとともに、順応性に富み、従順であるとともに、うるさく小突き回されることを憤り、忠実であるとともに、不忠実であり、勇敢であるとともに、臆病であり、保守的であるとともに、新しいものを喜んで迎え入れる」(『菊と刀』)。

ケンペルの場合、前の文章で長所を記述し、次の文章で短所を記述する方法であるが、ベネディクトの場合、一つの文章内で長所と短所のセットを連続して述べる。ケンペルの場合、長所と短所は領域的には対応せず、別々の項目を並べただけだが、ベネディクトの場合は、同じ領域の正反対をセットで記している。つまり、同じ分野で二つの性質が共存している、つまりアンビバレンスと言うか、葛藤と言うか、ともかくも良い状態ではない。日本人はそういう性格の民族だとしているわけで、こういうところにもベネディクトの日本人を貶めようという魂胆が窺える。アンビバレンスではないことは、今までの記述で納得してもらえるであろう。

3. 日本道徳復活の必要性

日本道徳の崩壊

本書では、外国人の日本人観察の記録を検討することによって、日本人の道徳性を際立たせてきた。そして温和型文明であることによって、世界でも稀な道徳性の高い道徳が根付いていることが明らかになった。

それはある面では、現代にも続いていて、訪日外国人の絶賛を浴びてはいる。他方では、戦後になってから、道徳性が抜け落ちている、剥《は》げ落ちている現象が続出するようになっている。例えば、この頃日本人の若者カップルの実子や連れ子が泣き止まないとか、言うことを聞かないとかで、虐待し、死なせる事件が頻発している。昔では考えられないような事件である。昔は親に対して子供を大事に扱えとか、もっと大人になれとか、言う必要もなかった。今や、親に対して本気でそういうことを言う必要に迫られている、ようである。

また、平成になってからは、学校で生徒どうしによるイジメが頻繁に起こり、イジメを苦にした生徒が自殺することが急増した。オレオレ詐欺、振り込め詐欺、架空請求詐欺などが横行するようになったし、企業による食品偽装問題、建築偽装問題、不法投棄問題などが摘発されたりした。同じマンション内の住民間で挨拶する人も少なくなってきた。以上のことを考えると、日本人に道徳性はまだあるのか、と思ってしまうほどである。

日本道徳を破壊したもの

いつからこういう風潮になったのであろうか。いくつかの説を検討してみよう。一つは太平洋戦争の敗戦により、教育勅語の廃止、修身教育の廃止、神国日本の否定、軍国主義の否定などの諸改革によって、戦後の日本人は戦前の日本人とはまるで正反対の生き方を強要されるようになったことである。これを行ったのはアメリカ＝占領軍であった。

二つにはその中の一環と言うべきだが、小中高の義務教育が左翼教師によって牛耳られたことである。それによって、日本人イコール悪者として育てられ、日本人としての誇りを持てず、日本人としての道徳規範も薄れることになってしまった。それを行ったのは進歩的文化人（渡部昇一の言う「敗戦利得者」）と左翼教師であった。

三つ目には、１９７０年代から90年代にかけて、新自由主義が世界的に流行ったときに、日本も麻疹にかかるかのように、新自由主義的政策を導入してしまった、ことである。そしてその新自由主義のマインドも同時に広がることになった。これを行ったのは中曽根康弘や小泉純一郎といった政治家であった。

新自由主義の個人行動原理は、①自分のことは自分で、②儲けた者が勝ち、③私的利益優先、④目的のためには手段を選ばず、といった原理である。この原理でいけば、極論すれば、個人のしたい放題、やりたい放題となり、それが上記のような行為に繋がるのは明らかである。本書で検討してきたとおり、これらの原理は温和型文明にはあり得ず、敵対型文明に由来するものである。その意味で無批判でこの原理を受け入れた、中曽根首相や小泉首相の「負の遺産」とその責任は極めて大きい、と言わねばならない。

日本道徳復活の方法

日本は基本的には温和型文明であり、そこから敵対型文明ではありえない、素晴らしい道徳体系があるのだが、上記の三つの道徳的破壊的政策によって、ガタガタにされてしまった。いくら温和型文明で基本的道徳があったとしても、道徳教育が骨抜きにされたり、敵対型文明の道徳が導入されれば、ガタガタにならざるをえない。

日本人の道徳性をどうやって高めるべきか。学校教育においては、道徳の時間が正規の授業になるようで、そのこと自体はよいことだが、問題は何の道徳規範をどのように教えるか、ということになろう。そのことでは、本書は外国人の指摘によって、日本古来の道徳を体系づけ、これが日本の道徳体系である、との仮説を提示した。少なくともこの中の基本的なものは、日本人の子々孫々にまでも伝えてもらいたい、ものである。

また、明治から戦前までの修身授業のような内容にするのは問題であるが、小学校などでは個別の道徳規範を物語り風に教えることはかなり効果的である。中学・高校ともなれば、西洋と東洋の道徳理論を説明することは必要である。それとともに、なぜそれが善い行為、善い態度（徳）なのかを考えさせ、討論させることも必要である。

この問題を考えるための題材を与えるのが、本書の目的の一つであった。読者諸賢は本書をもとに、本書の提起する問題を考えていただきたい。

4. これからの日本人の課題

敵対型文明人からは見下される運命

このような温和型文明の人間に対して、敵対型文明の人間は、現代においては、どのような評価をするだろうか。20世紀中頃以降、多元的な歴史観・文明観の発達・普及によって、学問レヴェルでは各文明は同等である、との考えが強くなってきたものの、国民の個人レヴェルではまだそこまでは到達していない。日本国内においては、問題は発生しないのだが、日本人が海外に行った場合は、自分たちの文明が最高だとする当地一般民衆の中にあって、日本人は苦労することになる。敵対型文明の代表としての西洋文明人から温和型文明の人間を見れば、個性のない、自我の発達していない未熟児である、と見なされる運命にある。日本文明の欠点は温和型文明、常時平和型文明の欠点であり、それは敵対型文明、常時戦争型文明からの批判点でもある。

敵対型文明では、個人間が争う場合、どこまでも自己の正当性を主張する。自己主張が強く、弁論術と論理が巧みである。つまり、自己の意見を持っていて、自己主張が強く、弁論術が巧で、論理やレトリックに秀でている人が優秀、ということになる。温和型文明の日本人はそういう術には長けていない。いきおい見下される運命にある。

自己の確固たる意見を持とう

西洋人と日本人が英語で話をするとなると、たちまち西洋人が気づくのが、日本人の話題の低レヴェルである。どんなエライ人でも、天気のことやプライヴェートなことしか話しをしない。知的な対話ができないのである。欧米人はガッカリするし、次からその人との話を避けるであろうし、軽蔑もするだろう。人としての魅力がないのである。

クライン孝子が書いた『「対話」劣等生の眠たい日本人』という本がある。話題以前に、その書のタイトルにあるように、日本人にはそもそも対話、ダイアローグという発想がない。知人どうしのボソボソ話でことが済む温和型社会では、そういう発想が出ないのは当然であるが、あまりにもひどすぎる。日本人も対話によって、自己の思想を発展させることを学ばなければならない。

その対話を成り立たせるには、各人が自己の意見を持っていなければならない。西洋では知識がなくとも、それなりの意見は持っている。知識の多少ではなく、どれだけ確固たる意見を持っているか、で評価されるのである。日本では高学歴の人でも、独自の意見を持つ人は少数である。

全地球の一体化のためには

日本人どおしで生活していく日本にあっては、そのような敵対型文明的な技能を高める努力をする必要はないのでは、と思う人がいるかも知れない。それは確かにそうである。しかし、今や地球規模での人間一体化の時代である。つまり全地球的には、敵対型文明の国が多いので、全地球が一体化すれば、敵対型文明化に一体化されることになる。日本人どおしの場合は今までどおりの生活でよいわけだが、異文明の人と接触するときには、ここで論じているようなことを意識して行う必要があるのである。そうしないと、それこそ日本人は「世界の孤児」になってしまう。

しかし、最後に言おう。全地球的規模で、どのような文明が理想なのか。それは温和型文明である。敵対型文明の心ある人、インテリ層のある種の人たちは気付いている。全地球が争いのない地球人として一体化したときの文明は、日本のような温和型文明なのである。本書で記してきた外国人の記録や現代での日本人論からそう言えるのである。遠い将来全地球が日本型文明になることを期待している。

あとがき

本書の形式上から言えば、本書は外国人の日本観察記を検討する部類の本であり、その目指すべき類書として、「はじめに」で三著を示した。しかし内容上から言えば、日本道徳体系論、日本価値論、日本人行動原理論とでも言うべきものである。この分野での類書あるいは目指すべき本としては、竹内靖雄『日本人の行動文法』（東洋経済新報社、1995年）、原聰『日本人の価値観』（かまくら春秋社、2013年）などがある。これらの充実した高き内容に並び得た、などとはとうてい思わないが、こういう見方もあるよ、という一つの提案を示し得た、とは思っている。

類似のテーマでは、日本文化論、日本人論があって、恥の文化論、タテ社会論、日本教論、甘えの構造論などが有力であるが、いずれもある点に着目しての理論展開であり、日本の文化や日本人の行動のすべてを、一元的に説明するには無理がある、ようである。本書は日本文化や日本人行動のすべてではないが、主として「温和型文明」で一元的に説明する、一つの試みではある。

もともと私は西洋文明に興味があり、西洋文明はなぜ世界を制覇できるようになったのか、西洋文明になぜ合理主義が生じたのか、について研究してきた。時間がかかったものの、解答として出したのは、『西洋文明の謎と本質——西洋が近代化できた訳』（２０１４年）であった。このときには、敵対型文明と温和型文明の言葉を使ってはいないが、その萌芽を示せた。

その過程で、日本文明はなぜ西洋文明になれないのか、日本人が西洋人になるためには何が足りないのか、何が制約になっているのか、を考えたりもした。その一つの解として、『弁論術の復興——欧米型議論術の修得と教育の必要性について』（２００８年）を著した。

同じくその過程で、敵対型文明での一極端である新自由主義が日本に台頭してきたので、それを批判せねばと思い、『「新自由主義」をぶっ壊す』（２０１０年）を出版した。

『西洋文明の謎と本質』の後は、興味は次第に日本に向かい、日本思想史を目指したものの、すぐには成果が出ず、日本の道徳と習俗へと目が向いて、そこから日本道徳の解明へと動いたのである。その成果が本書というわけである。

本書を執筆するに当たり当初は、データ収集では、分野・領域的には、道徳やそれに関連する習俗のみならず、本書では対象外とした、好奇心（学習意欲）があること、自然との関係、宗教との関係、女性の特性などについても、拡大収集していた。しかし、記述においてそこまで拡大すると、膨大になりすぎるので、これらの分野の記述は割愛することにした。

また、記述の基本として当初は、外国人の証言すべてを記述することを目指したが、それをしてみると、それだけでゆうに1冊の著作の分量になってしまい、自己の思いを記述するスペースがなくなるので、外国人の証言は各徳目4・5件内に制限せざるをえなかった。

本書は前著と同様、膨大なデータ処理に悪戦苦闘する作業となった。データ処理だけで足かけ1年かかり、執筆は2カ月で完了するという、異例の時間配分の作業であった。データ処理にとりかかるときは、本書の大まかな着想はあったものの、本書で示した道徳体系を提示できる、とは思ってもみなかった。ともあれ一つの大きな仕事を果たした、という満足感はある。あとは読者・識者のご判断を待つだけである。

2019年6月7日

著者記す

内藤孝宏『異人たちが見た日本史——戦国から明治まで外国人が発見したニッポン』洋泉社、2015年
森田健司『外国人が見た幕末・明治の日本』彩図社、2016年
天野瀬捺『世界が憧れた日本人の生き方——日本を見初めた外国人36人の言葉』ディスカヴァー携書、2016年

ダイジェスト版外国人の記録本

岩生成一編『外国人の見た日本①——南蛮渡来以後』筑摩書房、1962年
岡田章雄編『外国人の見た日本②——幕末・維新』筑摩書房、1961年
大久保利謙編『外国人の見た日本③——明治』筑摩書房、1961年
唐木順三編『外国人の見た日本④——大正・昭和』筑摩書房、1961年
加藤周一編『外国人の見た日本⑤——戦後』筑摩書房、1961年
M・クーパー、間雄次編『南蛮人戦国見聞記』人物往来社、1967年
唐木順三辺『ベルツ、モース、モラエス、ケーベル、ウォシュバン集』明治文学全集㊾、筑摩書房、1968年
村上直次郎訳、柳谷武夫編『イエズス会士日本通信——耶蘇会士日本通信豊後・下篇』上下、新異国叢書、雄松堂書店、1968年
川西進、瀧田佳子訳『アメリカ人の日本論』アメリカ古典文庫㉒、研究社、1975年
築島謙三『「日本人論」の中の日本人』大日本図書、1984年
渡辺京二『逝きし世の面影』葦書房、1998年
波田野毅『日本賛辞の至言33撰——世界の偉人たちが贈る』ごま書房、2005年
村岡政明編『日本絶賛語録』小学館、2007年
中西輝政『世界史が伝える日本人の評判記——その文化と品格』中経出版、2007年
石川榮吉『欧米人の見た開国期日本——異文化としての庶民生活』風響社、2008年
内藤誠編『外国人が見た古き良き日本』講談社インターナショナル、2008年、※和文と英文の対比形
竹内誠監修、山本博文、大石学、磯田道史、岩下哲典『外国人が見た近世日本——日本人再発見』角川学芸出版、2009年
川合章子『ダイジェストでわかる・外国人が見た幕末ニッポン』講談社、2011年
林和利『古今東西ニッポン見聞録』風媒社、2014年
河合敦『外国人がみた日本史』ベスト新書、2015年
雑学総研『異邦人が覗いたニッポン——再びの「ディスカバリージャパン」』中経の文庫、2015年

在日 1902 以降 3 回来日、写真家

『この世の楽園・日本』(1910 年)

長岡祥三訳『英国特派員の明治紀行』新人物往来社、1988 年

長岡祥三訳『英国人写真家の見た明治日本——この世の楽園・日本』講談社学術文庫、2005 年

アブデュルレシト・イブラヒム (Abdurresid Ibrahim, R)

在日 1909、民族運動指導者

『イスラム世界』(1910 年)

小松香織、小松久男訳『ジャポンヤ——イスラム系ロシア人の見た明治日本』第三書館、1991 年、※日本旅行記のみの翻訳

ポール・クローデル (Paul Claudel, F)

在日 1921-25、26-27、外交官 (同期間フランス大使)

市原豊太『市原豊太・内的風景派』人と思想、文藝春秋、1972 年

在日 1889、詩人、児童文学者
『キプリングの日本』(1988 年)
H・コータッツィ、G・ウェッブ編、加納孝代訳『キプリングの日本発見』中央公論新社、2002 年、※『海より海へ』『旅の便り』からの編集
カール・ムンチンガー (Carl Munzinger, D)
在日 1889-95、宣教師
『日本人』(1898 年)
生熊文訳『ドイツ宣教師の見た明治社会』新人物往来社、1987 年
ラフカディオ・ハーン (Lafcadio Hearn, 小泉八雲、Ir)
在日 1890-1904、小説家、妻は日本人、お雇い外国人、英文学、日本で死去
『知られざる日本の面影』(1894 年)
田代三千稔訳『日本の面影』角川文庫、1958 年
平井呈一訳『小泉八雲作品集日本瞥見記』上下、恒文社、1975 年
森亮他訳『小泉八雲作品集①——日本の印象』河出書房新社、1977 年
平川祐弘編『神々の国の首都』講談社学術文庫、1990 年、※前半の翻訳
平川祐弘編『明治日本の面影』講談社学術文庫、1990 年、※後半の翻訳
池田雅之訳『新編日本の面影』角川ソフィア文庫、2000 年
エミール・カヴァリヨン (Emil Cavaglion, F)
在日 1891、旅行家
『254 日世界一周』(1894 年)
森本英夫訳「明治ジャポン 1891——文明開化の日本」『モンブランの日本見聞記——フランス人の幕末明治観』新人物往来社、1987 年
ラファエル・ケーベル (Raphael von Koeber, D)
在日 1893-1914、哲学者、お雇い外国人、日本で死去
『小品集』(執筆 1916-23、18-19、19-21 年)
久保勉編訳『ケーベル博士随筆集』岩波文庫、1928 年
アンドレ・ベルソール (Andre Bellessort, F)
在日 1897-98、作家
『日本の昼と夜』(1900 年)
大久保昭男訳『明治滞在日記』新人物往来社、1989 年
ハーバート・ポンティング (Herbert George Ponting, B)

在日 1877-1893 の間に 5 回訪日、通算 3 年間滞在、天文学者、世界旅行家
『極東の魂』(1888 年)
川西進訳「極東の魂」『アメリカ人の日本論』アメリカ古典文庫㉒、研究社、1975 年
川西瑛子訳『極東の魂――THE SOUL OF THE FAR EAST』公論社、1977 年
イザベラ・バード (Isabella Lucy Bird, B)
在日 1878、94-95、世界旅行家
『日本における未踏の地』(1880 年、※普及版は 1885 年)
高梨健吉訳『日本奥地紀行』東洋文庫、1973 年、※普及版の全訳
楠家重敏、橋本かほる、宮崎路子訳『バード日本紀行』雄松堂出版、2002 年
時岡敬子訳『イザベラ・バートの日本紀行』上下、講談社学術文庫、2008 年
金坂清則訳注『完訳日本奥地紀行』東洋文庫、2012 年
グスタフ・クライトナー (Gustav kreitner, Au)
在日 1878、85、軍人、外交官
『東洋紀行』(1881 年)
大林太良監修、小谷裕幸、森田明訳『東洋紀行』①②③、東洋文庫、1992 年
アーサー・クロウ (Arthur Crow, B)
在日 1881、商人、旅行家
『日本における主道と側道』(1883 年)
岡田章雄、武田万里子訳『日本内陸紀行』雄松堂出版、1984 年
メアリー・フレイザー (Mary Crawford Fraser, B)
在日 1889-94、1906、外交官夫人
『日本における外交官の妻』(1899 年)
H・コータッツィ編、横山俊夫訳『英国公使夫人の見た明治日本』淡紅社、1988 年
エドウィン・アーノルド (Sir Edwin Arnold, B)
在日 1889-91、92、詩人、新聞記者、仏教研究者、三番目の妻は日本人
『ヤポニカ』(1892 年)
岡部昌幸訳『アーノルド・ヤポニカ』新異国叢書、雄松堂出版、2004 年
ラドヤード・キプリング (Rudyard Kipling, B)

『大日本——東洋のイギリス』（1904年）
平野勇夫、増田義和訳『技術立国日本の恩人が描いた明治日本の実像』実業之日本社、1999年
クララ・ホイットニー（Clara A.N.Whitney, A）
在日 1875-1900、日本人（勝海舟の息子）と結婚、後帰国
『日記』（執筆 1875-84）
一又民子訳『クララの明治日記』上下、講談社、1976年
一又民子、高野フミ、岩原明子、小林ひろみ訳『勝海舟の嫁・クララの明治日記』上下、中公文庫、1996年
エルヴィン・ベルツ（Erwin von Baelz, D）
在日 1876-84、85-1905、1908、医学者、お雇い外国人
『日記など』（『エルヴィン・ベルツ——黎明期日本におけるあるドイツ人医師の生涯、日記、手紙、記事』1931年）
浜辺正彦訳「ベルツ先生日記抄」『学士会月報』1932年
トク・ベルツ編、菅沼竜太郎訳『ベルツの日記』上下、岩波文庫、初版1943年、完結版51年、改訳版79年
エミール・ギメ（Emile Etienne Guimet, F）
在日 1876、美術館館長
『日本散策——東京・日光』（1880年）
青木啓輔訳「ギメ東京日光散策」『ギメ東京日光散策・レガメ日本素描紀行』雄松堂出版、1983年
岡村嘉子訳『明治日本散策——東京・日光』角川ソフィア文庫、2019年
エドワード・モース（Edward Sylvester Morse, A）
在日 1877、78-79、82-83、動物学者、お雇い外国人
『日本の住まいとその周囲環境』（1886年）
斎藤正二、藤本周一訳『日本人の住まい』八坂書房、1979年
上田篤、加藤晃規、柳美代子訳『日本のすまい——内と外』鹿島出版会、1979年
阿吽社編『明治・日本人の住まいと暮らし——モースが魅せられた美しく豊かな住文化』紫紅社、2017年
『日本その日その日』（1917年）
石川欣一訳『日本その日その日』創元社、1939年
石川欣一訳『日本その日その日』①②③、東洋文庫、1970-71年
パーシヴァル・ローウェル（Percival Lowell、ローエル、A）

1998年
エドゥアルド・スエンソン（Edouard Suenson, De）
在日1866-67、70、フランス海軍士官
『日本素描』（1869-70年）
長島要一訳『江戸幕末滞在記』新人物往来社、1989年
長島要一訳『江戸幕末滞在記――若き海軍士官の見た日本』講談社学術文庫、2003年
フランシス・ブリンクリー（Francis Brinkley, B）
在日1867-1912、海軍軍人、ジャーナリスト、妻は日本人、日本で死去
ウィリアム・グリフィス（William Elliot Griffis, A）
在日1870-74、1926、宣教師（オランダ改革派教会）、教育家、お雇い外国人、理化学
『ミカドの帝国』（1876年）
山下英一訳『明治日本体験記』東洋文庫、1984年、※第2部「日本における個人的体験、観察、研究」の全訳
チャールズ・ロングフェロー（charles appleton Longfellow, A）
在日1871-73、85、91、冒険家
『日本での20カ月』（1998年）
山田久美子訳『ロングフェロー日本滞在記――明治初年、アメリカ青年の見たニッポン』平凡社、2004年
エドワード・クラーク（Edward Waren Clark, A）
在日1871-75、教育家、宣教師
『日本における生活と経験』（1878年）
飯田宏訳『日本滞在記』講談社、1967年
ジョルジュ・ブスケ（Georges Hilaire Bousquet, F）
在日1872-76、弁護士
『日本見聞記』（1877年）
野田良之、久野桂一郎訳『ブスケ日本見聞記――フランス人の見た明治初年の日本』①②、みすず書房、1977、78年
バジル・チェンバレン（Basil Hall Chamberlain, B）
在日1873-1911、日本学者
『日本事物誌』（1890年、第6版は1939年）
高梨健吉訳『日本事物誌』①②、東洋文庫、1969年
ヘンリー・ダイアー（Henry Dyer, B）
在日1873-83、技師、教育者、お雇い外国人、土木学

在日 1860、61、園芸家、植物学者
『江戸と北京』(1863 年)
三宅馨訳『江戸と北京——英国園芸学者の極東紀行』廣川書店、1969年
三宅馨訳『幕末日本探訪記——江戸と北京』講談社学術文庫、1997 年

ニコライことイワン・カサートキン (Ioan Dimitrinwich Kasatkin, R)
在日 1861-69、1871-1912、宣教師、日本で死去
『日本』(『キリスト教宣教団の観点から見た日本』1869 年)
中村健之介訳『ニコライの見た幕末日本』中村健之介、1978 年
中村健之介訳『ニコライの見た幕末日本』講談社学術文庫、1979 年

ラファイエル・パンペリー (Raphael Pumpelly, A)
在日 1862-63、地質学者、お雇い外国人
『アメリカ・アジア横断』(『世界一周ならびにアリゾナ・日本・シナ滞在5カ年の記録』1870 年)
伊藤尚武訳「日本踏査紀行」『シュリーマン「日本中国旅行記」、パンペリー「日本踏査紀行」』新異国叢書、雄松堂書店、1982 年、※原著の日本に関する部部のみ

ジョン・ブラック (John Reddie Black, B)
在日 1863-80、新聞事業家
『ヤング・ジャパン』(1880 年)
ねずまさし、小池晴子訳『ヤング・ジャパン——横浜と江戸』①②③、東洋文庫、1970 年

エーメ・アンベール (Aime Humbert, Ss)
在日 1863-64、外交官
『図解日本』(1870、74 年)
高橋邦太郎訳『アンベール幕末日本図絵』上下、新異国叢書、雄松堂書店、1969 年
茂森唯士訳『絵で見る幕末日本』正、講談社学術文庫、2004 年
高橋邦太郎訳『絵で見る幕末日本』続、講談社学術文庫、2006 年

ハインリッヒ・シュリーマン (Heinrich Schliemann, D)
在日 1865、考古学者
『現代の中国と日本』(1869 年)
藤川徹訳「日本中国旅行記」『シュリーマン「日本中国旅行記」、パンペリー「日本踏査紀行」』新異国叢書、雄松堂書店、1982 年
石井和子訳『シュリーマン旅行記——清国・日本』講談社学術文庫、

ウィレム・カッテンディーケ（Willem Johan Cornelis Ridder Huyssen van Kattendijke, H）

在日 1857-59、海軍士官、長崎海軍伝習所の教官

『日記からの抄録——1857 年より 59 年に至る日本滞在記』（1860 年）

水田信利訳『揺籃時代の日本海軍』海軍有終会、1943 年

水田信利訳『長崎海軍伝習所の日々』東洋文庫、1964 年

ジェイムズ・ブルース（James Bruce, B）

在日 1858、植民地行政官、外交官、第 8 代エルギン伯爵

ローレンス・オリファント（Laurence Oliphant, B）

在日 1858、61-62、旅行家、作家、政治家、エルギン卿の随行員

『エルギン卿使節録』（『中国と日本へのエルギン卿使節録』1859 年）

岡田章雄訳『エルギン卿遣日使節録』新異国叢書、裕松堂書店、1968 年、※原著の第 2 巻第 1 章 -12 章のみ

ラザフォード・オールコック（Rutherford Alcock, B）

在日 1859-62、64、外交官

『大君の都——日本における 3 年間』（1863 年）

山口光朔訳『大君の都——幕末日本滞在記』上中下、岩波文庫、1962 年

ルドルフ・リンダウ（Rudolph Lindau, Ss）

在日 1859、61、64-69、外交官、文筆家

『日本周遊旅行』（1864 年）

森本英夫訳『スイス領事の見た幕末日本』新人物往来社、1986 年

飯盛宏訳『日本就航記』西田書店、1992 年

ヘルマン・マロン（Hermann Maron, D）

在日 1860-61、オイレンブルク使節の随員、プロイセン農商務省の役人

『日本と中国』（1863 年）

眞田収一郎訳『マローン日本と中国』新異国叢書、雄松堂出版、2002 年

A・ベルク（A. Berg, D）

在日 1860-61、オイレンブルク使節の随員、画家

『プロイセンの東洋遠征』（1864 年）

中井晶夫訳『オイレンブルク日本遠征記』上下、新異国叢書、雄松堂書店、1964 年、※原著 4 巻のうち、日本に関する第 1 巻、第 2 巻のみの翻訳

ロバート・フォーチュン（Robert Fortune, B）

洞富雄訳『ペリー日本遠征随行記』新異国叢書、雄松堂書店、1970年

イワン・ゴンチャロフ（Ivan Aleksandrovich Goncharov, R）

在日1853、文人、プチャーチンの秘書

『フレガート・パルラダ』（1858年）

平岡雅英訳『ゴンチャロフ日本旅行記』露西亜問題研究所、1930年

井上満訳『日本渡航記——フレガート「パルラダ」号より』岩波文庫、1941年

高野明、島田陽訳『ゴンチャローフ日本渡航記』新異国叢書、雄松堂書店、1965年、※『ゴンチャローフ全集』収録のもの

高野明、島田陽訳『ゴンチャローフ日本渡航記』講談社学術文庫、2008年

ワシーリイ・マホフ（R）

在日1854-55、59-60、文人、陸海軍司祭長

『フレガート・ディアーナ号航海誌』（1867年）

高野明、島田陽訳「フレガート・ディアーナ号航海誌——ワシーリイ・マホフ司祭長の1854-55年の日本旅行記」高野明、島田陽訳『ゴンチャローフ日本渡航記』新異国叢書、雄松堂書店、1965年

セント・ジョン（Saint John, B）

在日1855、63、70、船長

『日本の沿岸の記録とスケッチ』（1880年）

フリードリッヒ・リュードルフ（Friedrich August Luhdorf, D）

在日1855、商人

『日本における8カ月——神奈川条約締結後の』（1857年）

中村赳訳、小西四郎校訂『グレタ号日本通商記』新異国叢書、雄松堂出版、1984年

タウンゼント・ハリス（Townsend Harris, A）

在日1856-62、外交官

『日記』（『タウンゼント・ハリスの完全な日記』1930年）

坂田精一訳『日本滞在記』上中下、岩波文庫、上中1953年、下1954年

ヘンリー・ヒュースケン（Henry Conrad Joannes Heusken, H）

在日1856-61、ハリスの通訳兼秘書、日本で暗殺される

『日記』（『日本日記——1855-61年』1964年）

青木枝朗訳『ヒュースケン「日本日記」』校倉書房、1971年

青木枝朗訳『ヒュースケン日本日記』岩波文庫、1989年

『手記』（『1811-13 年、日本人の捕虜となったワシーリイ・ミハイロヴィチ・ゴロウニンの手記』1816 年）

海軍軍令部第二局訳『露艦「デアーナ」号艦長ガローウニン日本幽因実記』海軍文庫、1894 年

海軍軍令部第二局訳『日本幽因実記』聚芳閣、1926 年

井上満訳『日本幽因記』上中下、岩波文庫、上中 1943 年、下 1946 年

徳力真太郎訳『日本俘虜実記』上下、講談社学術文庫、1984 年、※原著の第 1 部と第 2 部

徳力真太郎訳『ロシア士官の見た徳川日本――続・日本俘虜実記』講談社学術文庫、1984-85 年、※原著の第 3 部

ヨーハン・フィッセル（Johan Fredrik van Overmeer Fisscher, H）

在日 1820-29、オランダ商館員

『日本国の知識への寄与』（1833 年）

庄司三男、沼田次郎訳『日本風俗備考』①②、東洋文庫、1978 年

フィリップ・シーボルト（Philipp Franz Balthasar von Siebold, D）

在日 1823-28、1859-62、医者、博物学者、妻は日本人、シーボルト事件で日本追放

『日本』（1833、1897 年、※江戸参府紀行の執筆は 1826 年）

ジーボルト『江戸参府紀行』東洋文庫、1967 年

中井晶夫、斎藤信訳『日本』全 9 巻、異国叢書、雄松堂書店、1977-78 年

マシュー・ペリー（Matthew Calbraith perry, A）

在日 1853、54、海軍提督

『日本遠征記』（1856 年）

土屋喬雄、玉城肇訳『ペルリ提督日本遠征記』第 1- 第 4、岩波文庫、第 1 は 1953 年、第 2 は 48 年、第 3 は 53 年、第 4 は 55 年、※公式報告書の第 1 巻の全訳

金井円訳『日本遠征日記』雄松堂書店、1985 年

木原悦子訳『ペリー提督日本遠征日記』地球人ライブラリー、1996 年

オフィス宮崎編訳『ペリー艦隊日本遠征記』V1-V3、栄光教育文化研究所、1997 年

オフィス宮崎編訳『ペリー艦隊日本遠征記』上下、万来舎、2009 年

サミュエル・ウィリアムズ（Samuel Wells Williams, A）

在日 1853、54、中国研究家、ペリーの通訳官

『ペリー日本遠征記』（1910 年）

呉秀三訳『ケンプェル江戸参府紀行』上下、異国叢書、駿南社、1928、29年
呉秀三訳『ケンプェル江戸参府紀行』上下、異国叢書、雄松堂書店、1970年
今井正編訳『日本誌・日本の歴史』上下、霞ヶ関出版、1973年、※改訂版は1989年
斎藤信訳『江戸参府旅行日記』東洋文庫、1977年、※原著第2巻の第5章のみ
坪井信良訳『検夫爾日本誌・日本の歴史』上中下、霞ヶ関出版、1997年
今井正編訳『日本の歴史と紀行』①-⑦、霞ヶ関出版、2001年

カール・ツンベルク（Carl Peter Thunberg, ツュンベリー、Sn）
在日1775-76、植物学者、杉田玄白、桂川甫周、中川淳庵などと交友
『旅行記』（『1770年から1779年に至るヨーロッパ、アフリカ、アジア旅行記』執筆1788-93年）
山田珠樹訳『ツンベルグ日本紀行』異国叢書、駿南社、1928年
山田珠樹訳『ツンベルグ日本紀行』異国叢書、雄松堂書店、1966年
高橋文訳『江戸参府随行記』東洋文庫、1994年、※江戸参府の部分のみの翻訳

アイザック・ティッシング（Isaac Titsingh, チィチング、H）
在日1779-80、81-83、84、商館長、日本研究家
『日本風俗図誌』（1822年）
沼田次郎訳『ティチング日本風俗図誌』新異国叢書、雄松堂書店、1970年

ヘンドリック・ドゥーフ（Hendric Doeff, ヅーフ、H）
在日1799、1800-1818、商館長、妻は日本人
『日本回想録』（1833年）
斎藤阿具訳『ヅーフ日本回想録』駿南社、1928年
斎藤阿具訳『ヅーフ日本回想録』異国叢書、雄松堂書店、1966年

ニコライ・レザノフ（Nikolai Petrovich Rezanov, R）
在日1804-05、外交官
『日記』（1804-05執筆、『コマンドール』1995年）
大島幹雄訳『日本滞在日記――1804-1805』岩波文庫、2000年

ワシーリイ・ゴロウニン（Vasilii Mikhailovich Golovnin, R）
在日1811-13、海軍士官、日本で幽閉される

1965年
ウィリアム・アダムズ（William Adams, B、三浦按針）
在日 1600-20、家康の外交顧問、妻は日本人、日本（平戸）で死去
『書簡』（執筆 1605?-16年）
岩生成一訳『慶元イギリス書翰』異国叢書、雄松堂書店、改訂復刻版 1970年
菊野六夫訳著『ウィリアム・アダムズの航海誌と書簡』南雲堂、1977年
ドン・ロドリゴ（Don Rodrigo de Vivero y Aberruza, S）
在日 1609-10、植民地長官
『日本見聞録』（執筆 17C）
村上直次郎訳『ドン・ロドリゴ「日本見聞録」ビスカイノ「金銀島探検報告」』駿南社、1929年
村上直次郎訳『ドン・ロドリゴ「日本見聞録」ビスカイノ「金銀島探検報告」』異国叢書、雄松堂書店、1966年
JT中南米学術プロジェクト編、大垣貴志郎訳『日本見聞記』たばこと塩の博物館、1993年
フランソア・カロン（francois Caron, H）
在日 1619-41、商館長、妻は日本人
『日本大王国誌』（執筆 1636年、刊行 1661年）
幸田成友訳『日本大王国志』東洋文庫、1967年
アルノルドゥス・モンタヌス（Arnoldus Montanus, H）
在日なし、宣教師、歴史学者
『遣日使節紀行』（『東インド会社遣日使節紀行』or『モンタヌス日本誌』1669年）
「十七世紀初半期外人の日本民俗観」大日本文明協会編『欧米人の日本観』上、大日本文明協会、上 1907年、※復刻版は原書房、1973年
ジャン・クラッセ（Jean Crasset, F）
在日なし、宣教師
『日本教会史』（執筆 1689、刊行 1715年）
太政官翻訳係訳『日本西教史』上下、太政官翻訳係、1878年
太政官訳『日本西教史』上下、洛陽堂、1915年
エンゲルベルト・ケンペル（Engelbert Kampfer, D）
在日 1690-92、博物学者、医者、将軍綱吉に謁見
『日本史』（1727、1777-79年）

⑤、東洋文庫、1963、1965、1966、1970、1978年
松田毅一、川崎桃太訳『日本史』①-⑫、中央公論社、1977-80年
松田毅一、川崎桃太訳『完訳フロイス日本史』①-⑫、中公文庫、2000年
『日本覚書』(執筆1585年)
岡田章雄訳「日欧文化比較」『アビラ・ヒロン「日本王国記」ルイス・フロイス「日欧文化比較」』大航海時代叢書⑪、岩波書店、1965年
松田毅一、E・ヨリッセン『フロイスの日本覚書――日本とヨーロッパの風習の違い』中公新書、1983年
岡田章雄訳『ヨーロッパ文化と日本文化』岩波文庫、1991年

フランシスコ・カブラル(Francisco Cabral, P)
在日1570-83、宣教師、大の日本嫌い

ニェッキ・オルガンチーノ(Gnecchi-Soldi Organtino, I)
在日1570-1609、宣教師、大の日本ファン、日本で死去

ガスパール・コエリョ(Gaspar Coelho, P)
在日1572-90、宣教師、カブラルの次の布教長、日本で死去

ジョアン・ロドリゲス(Joao Rodriguez Tsuzu, P)
在日1577頃-1610、宣教師
『日本教会史』(執筆1620-34年)
佐野泰彦、浜口及二郎、土井忠生訳『日本教会史』上、大航海時代叢書⑨、岩波書店、1967年
池上岑夫、佐野泰彦、長南実、浜口及二郎、藪内清、伊東俊太郎、土井忠生訳『日本教会史』下、大航海時代叢書⑩、岩波書店、1970年

アレッサンドロ・ヴァリニャーノ(Alejandro Valignano, I)
在日1579-82、90-92、98-1603、宣教師
『日本要録』(『日本管区とその統轄に関する諸事要録』執筆1583年、刊行1592年)
松田毅一、佐久間正編訳『日本巡察記・ヴァリニャーノ』東西交渉旅行記全集⑤、桃源社、1965年
松田毅一、佐久間正、近松洋男訳『日本巡察記』東洋文庫、1973年

アヴィラ・ヒロン(Bernardino de Avila Giron, S)
在日1594-1619、商人
『日本王国記』(執筆16C末-17C初)
佐久間正、会田由訳「日本王国記」『アビラ・ヒロン「日本王国記」ルイス・フロイス「日欧文化比較」』大航海時代叢書⑪、岩波書店、

日本観察外国人一覧

国名略称
P＝ポルトガル、 S＝スペイン、 I＝イタリア、 B＝イギリス、 H＝オランダ、 F＝フランス、 D＝ドイツ、 Sn＝スウェーデン、 R＝ロシア、 A＝アメリカ、 Ss＝スイス、 De＝デンマーク、 Au＝オーストリア、 Ir＝アイルランド

ジョルジェ・アルヴァレス（Jorge Alvares, P）
在日 1546、船長
「日本の諸事情に関するさらなる報告」（1548 年）
岸野久「ヨーロッパ人による最初の日本見聞記――J・アルヴァレスの「日本報告」」日本歴史学会編『日本歴史』368 号、1979 年 1 月
岸野久訳「さらに、日本の諸事情に関する報告（ジョルジェ・アルヴァレスの日本情報）」岸野久『西欧人の日本発見』吉川弘文館、1989 年

フランシスコ・ザビエル（Francisco Xavier, S）
在日 1549-51、宣教師
『書簡』（執筆 1535-52 年、全書簡 137、うち日本関連 19）
アルペール神父、井上郁二訳『聖フランシスコ・デ・サビエル書翰抄』上下、岩波文庫、1949 年、第 5 刷 2009 年
村上直次郎訳『イエズス会士日本通信――耶蘇会日本通信豊後下篇』雄松堂書店、上 1968 年、下 1969 年、新版 1978 年、2014 年
シュールハンマー・ヴィッキ編、河野純徳訳『聖フランシスコ・ザビエル全書簡』平凡社、1985 年
ピーター・ミルワード、松本たま訳『ザビエルの見た日本』講談社学術文庫、1998 年

コスメ・デ・トルレス（Cosme de Torres, S）
在日 1549-70、宣教師、ザビエルとともに来日、日本で死去

ルイス・フロイス（Luis Frois, P）
在日 1563-92、95-97、宣教師、日本で死去
『日本史』（執筆 1583-93、刊行 1926 年）
柳谷武夫訳『完訳フロイス日本史――キリシタン伝来のころ』①-

※著者略歴

青木 育志（あおき いくし）

1947 年　大阪に生まれる
1971 年　大阪市立大学法学部卒業
1971 年　株式会社大丸（現、Ｊ．フロントリテイリング株式会社）入社
1999 年　亜細亜証券印刷株式会社（現、株式会社プロネクサス）入社
2009 年　同社退社、以降著述に専念

主　著　『客観主義と主観主義（哲学の根本問題）』(青木育志)
『自由主義とは何か』（新風舎）
『弁論術の復興』（青木嵩山堂）
『「新自由主義」をぶっ壊す』（春風社）
『河合栄治郎の社会思想体系』（春風社）
『教養主義者・河合栄治郎』（春風社）
『西洋文明の謎と本質』（青木嵩山堂）
『哲学問題入門』（桜美林大学北東アジア総合研究所）
『明治期の総合出版社・青木嵩山堂』（アジア・ユーラシア総合研究所）

ホームページ　「青木育志の書斎」（http://kyoyoushugi.wordpress.com/）

外国人の日本観察記から読み解く
日 本 道 徳 の 構 造

2019年 9 月30日　初版第 1 刷発行

著　者　青木　育志

発行者　川西　重忠

発行所　一般財団法人アジア・ユーラシア総合研究所
〒 151-0051　東京都渋谷区千駄ヶ谷 1-1-12
桜美林大学千駄ヶ谷キャンパス 3F
TEL：03-5413-8912　FAX：03-5413-8912
URL：http://www.asia-eu.net/
E-mail：n-e-a@obirin.ac.jp

印刷所　藤原印刷株式会社

ISBN978-4-909663-30-6